CHRISTINA BAUER

SÜSSES BACKEN

Über 70 einfache Rezepte

• • •

**Von kleinen Törtchen
über fruchtige Blechkuchen
bis hin zu aufregenden Torten und
schnellen No-Bake-Rezepten**

mit Fotografien von Nadja Hudovernik

Löwenzahn

INHALTSVERZEICHNIS

Süßes geht einfach immer | 6

• • •

Ein Teig, so viele Möglichkeiten: Ausstattung, Grundrezepte und Variationen | 8

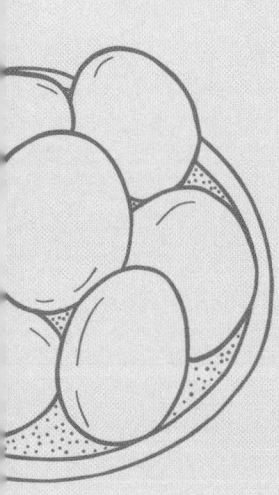

• • •

Klein und fein: Gebäck, Törtchen, Muffins und Cupcakes | 54

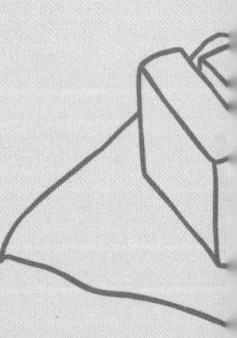

• • •

Gerührt, verziert, fruchtig und alles dazwischen: Kuchen und Schnitten | 88

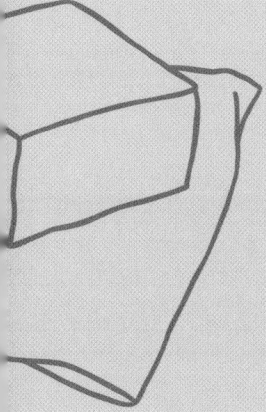

Von Sahnehäubchen bis No-Bake-Traum: Torten | 140

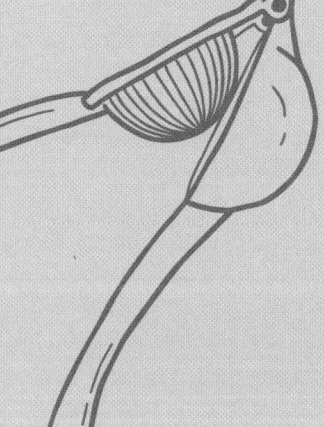

• • •

Desserts, oder: ein süßer Abschluss | 178

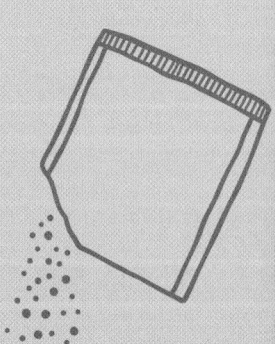

SÜSSES GEHT
EINFACH IMMER

••••

Was wäre das Leben ohne Süßes? Genau, nur halb so schön – in meiner Familie gibt es selten Einspruch gegen die vielen staubzuckerzarten, flaumig-süßen Gebäcke, Kuchen, Torten und Desserts, die unsere Küche regelmäßig zur hauseigenen Bäckerei werden lassen. Ich variiere, kombiniere und experimentiere dabei liebend gern mit unterschiedlichen Teigen und saisonalen Obstsorten. In diesem Buch stecken meine gesammelten Erfahrungen, unkomplizierte Schritt-für-Schritt-Anleitungen, praktische Tipps und über 70 Rezepte für die süßen Momente des Alltags – ob es nun ein bestimmter Anlass ist oder nicht. Denn wenn ihr mich fragt, geht etwas Süßes doch immer!

Luftig, knusprig, saftig, schnell: Aller Anfang sind ... die Grundlagen

Eine Sache, die ich am Backen so gerne mag: Sobald man die Basis kennt, lässt sich mit vergleichsweise wenig Aufwand ein Ergebnis zaubern, das richtig was hermacht. Dabei ist das Grundlagenwissen gar nicht kompliziert. Damit du dir selbst ein Bild machen kannst, zeige ich dir im ersten Teil des Buchs, wie du dir von luftigem Biskuitteig bis hin zu buttrigem Mürbteig die perfekte Back-Basis schaffst und was du dafür an Ausstattung brauchst. Am Ende sind gelungenes Gebäck, Desserts, süße Snacks und Co. nämlich wortwörtlich reine Formsache: Wie bereitet man eine Backform richtig vor, sodass sich der Teig am Schluss leicht lösen lässt? Mit welchen Küchenhelfern wird die Füllung extra cremig, die Glasur wunderbar glatt und die Dekoration so schön, dass man fast (aber eben nur fast!) nicht mehr zur Gabel oder zum Löffel greifen will?

Die Antworten auf diese und weitere Fragen habe ich zum Start zusammengestellt und verrate dir, mit welchen Backformen und Küchenhelfern ich am liebsten arbeite.

Und dann kann's richtig losgehen: Mach deinen Grundteig zum Torten-Traum, bring dein Lieblingsobst ins Spiel, füll die Dessertgläser mit Crumble oder mach mit selbst gebackenen Eclairs einen Abstecher nach Frankreich ... Aus Erfahrung kann ich dir jedenfalls schon die mit Abstand schwierigste Frage an der Sache verraten: Womit soll ich anfangen?

Für jede Gelegenheit – und das ganze Jahr

Ich weiß nicht, wie du das siehst, aber ich finde: Jede Jahreszeit ist die perfekte Zeit für etwas Süßes. Denn wie schon gesagt, gibt es einfach so viele verschiedene Möglichkeiten, dir und anderen den Alltag zu versüßen. Deswegen war mir wichtig, in diesem Buch Rezepte für das ganze Jahr zu sammeln. Saftiger Geht-immer-Vollkorngugelhupf im Frühling, fruchtig-frische Mangotorte oder sommerliches Zitronentiramisu, ein herbstlicher Karottenkuchen im Glas und klassischer Baumkuchen für den Winter: In der Auswahl findest du garantiert für jede Gelegenheit, für jedes Zeitbudget, jede Lust und Laune und jede Jahreszeit etwas Passendes.

Apropos Zeit: Die ist in meinem Alltag oft recht knapp, und damit bin ich sicher nicht die Einzige. Damit du trotzdem nicht auf etwas Süßes zwischendurch, zum Dessert oder Kaffee verzichten musst, findest du im Buch verschiedene

Rezepte, die sich mit wenig Aufwand umsetzen lassen. Nach dem Motto „gerührt, nicht geschüttelt" hast du zum Beispiel in Windeseile einen schnellen Becherkuchen parat. Oder überlässt mit einer No-Bake-Torte dem Kühlschrank einen Großteil der Arbeit. Und mit Ruckzuck-Muffins und kurzer Backzeit sorgst du dafür, dass der Schoko-Hunger zwischendurch nicht allzu groß wird. Süßes zuzubereiten muss definitiv nicht zeitaufwendig sein! Und selbst wenn du dir gerne mal etwas mehr Zeit nehmen und für die große Feiertagsrunde eine Rouladen- oder Cappuccino-Torte machen willst: Das geht auch ganz unkompliziert.

Aber mach dir am besten selbst ein Bild und leg gleich los: Schnapp dir eine Rührschüssel, Grundzutaten und dein nächstes Lieblingsrezept. Ich wünsche dir viel Spaß beim Nachbacken, Teigkneten, Ins-Glas-Füllen, Dekorieren – und Genießen!

Deine Christina

EIN TEIG, SO VIELE MÖGLICHKEITEN: AUSSTATTUNG, GRUNDREZEPTE UND VARIATIONEN

• • •

Warum kompliziert, wenn es manchmal so einfach sein kann? Nämlich dann, wenn du weißt, welche Ausstattung du wirklich brauchst und mit welchen kleinen Tricks du zum Teig-Profi wirst. Denn wie war das noch: Wie lange muss man einen Rührteig rühren? Oder einen Mürbteig kneten? Oder einen Germ-/ Hefeteig rasten lassen? Kann man Teige einfrieren? Keine Sorge: Zum Start findest du alles versammelt, was du für die ersten Schritte wissen musst.

MÜRBTEIG

ZUTATEN

Teig
300 g Weizenmehl 700
5 g Backpulver
200 g kalte Butter
100 g Zucker
1 Ei
etwas Salz

ZUBEREITUNG

Für den Mürbteig zuerst das Mehl mit dem Bac...
pulver in eine Schüssel geben, dann die in Stüc...
geschnittene Butter, den Zucker, das Ei und ...
Prise Salz dazugeben.

...Hilfe eines Flachrührers oder Knethal...
... zu einem festen Mürbteig verarbei...
...r den Teig mit den Händen knetet, ...
mög... rasch arbeiten, damit die Butter ...
zu warm... der Teig dadurch krümelig ...
Teig etwa e... tunde in Frischhaltefolie ...
...ckelt im Küh... ank rasten lassen und je ...
Rezept weiterv... iten.

>> Mit abger... von
Bio-Zitrone oder ...
Das Mark eines ...hote
auskratzen u...
Finen Teil

ALLES DA:
DEIN BACK-EINMALEINS

• • •

Backen ist nicht schwierig und erst recht keine Wissenschaft. Aber: Ohne ein bisschen Liebe zum Detail geht es dann auch wieder nicht. Auf den folgenden Seiten findet ihr diese Details und alle wichtigen Fragen zum Einstieg beantwortet: Welche Zutaten sollte man am besten immer daheim haben? Welche Ausstattung ist unbedingt nötig, worauf kann man im Zweifelsfall auch verzichten? Wie gelingt die Dekoration perfekt? Und zu guter Letzt: Was kann man beim nächsten Versuch anders machen, wenn das Ergebnis einmal doch nicht so ausfällt wie erwartet?

AUF EINEN BLICK: DIE WICHTIGSTEN ZUTATEN

Eier
Als Eischnee oder schaumig gerührt: Eier sind die Grundlage bzw. fester Bestandteil vieler Backrezepte. Ich habe für die Rezepte in diesem Buch Bio-Eier in Größe M verwendet. Achtung: Nimm die Eier am besten schon 1 Stunde vor dem Backen aus dem Kühlschrank, damit sie – wie die restlichen Zutaten – zimmerwarm sind. Solltest du das einmal vergessen oder ganz spontan Lust aufs Backen haben, kein Problem: Leg die Eier für ein paar Minuten in eine Schüssel mit (lau-)warmem Wasser.

Du willst backen, aber die Eierschachtel im Kühlschrank ist leer? Dann heißt es improvisieren: Ein Ei kannst du zum Beispiel durch eine halbe, sehr reife Banane oder 75 g ungesüßtes Apfelmus ersetzen.

Fette: Butter und Öl
Fett ist Geschmacksträger und Bindemittel zugleich. Der Klassiker ist dabei Butter, alternativ eignet sich bei vielen Rezepten Öl. Letzteres sollte geschmacksneutral sein, wie etwa Rapsöl, Sonnenblumenöl oder Maiskeimöl. Olivenöl wiederum ist besser für pikantes Gebäck geeignet als für Kuchen, Torten und Co.

TIPP
Sofern nicht anders angegeben, wurde in den Rezepten Raps-, Sonnenblumen- oder Maiskeimöl verwendet.

Du kannst Butter in Rührteigrezepten grundsätzlich durch Öl ersetzen – allerdings nicht 1:1 in der gleichen Menge, denn die beiden Substanzen unterscheiden sich in der Dichte. Um die richtige Ölmenge zu berechnen, zieh 20 Prozent von der Buttermenge ab. Die Differenz zwischen Öl- und Buttermenge gleichst du aus, indem du entsprechend mehr von einer Flüssigkeit verwendest, die im Rezept angegeben wird.

Ein Beispiel: Für die Schoko-Beeren-Torte (Seite 168) brauchst du laut Rezept 200 g Butter. Diese Menge könntest du nun durch 160 g Öl ersetzen und die übrigen 40 g bei der Milchmenge dazurechnen.

Damit du nicht lange herumrechnen musst, hier die gängigsten Mengenangaben für die Verwendung von Öl statt Butter:

BUTTER	ÖL	ZUSÄTZLICHE FLÜSSIGKEIT
50 g	40 g	10 g
100 g	80 g	20 g
150 g	120 g	30 g
200 g	160 g	40 g

Mehl

Beim Mehl verwende ich in der Regel entweder glattes oder universales Weizenmehl Type 700 (in Deutschland ist das Type 550), Vollkorn- oder Dinkelmehl. Falls du dich jetzt fragst, wo da der Unterschied liegt, im Anschluss ein kleiner Schnelldurchlauf durch die gängigsten Mehle zum Backen.

Aber stellen wir vorher eine Sache klar, nämlich die Mehltypen: Warum wird in verschiedene Typen eingeteilt, bzw. was genau wird da eigentlich unterschieden? Ganz einfach: Eine hohe Typenzahl heißt, dass umso mehr Bestandteile des Getreidekorns im Mehl verarbeitet worden sind. Und je höher die Typenzahl, desto mehr Flüssigkeit kann eine Mehlsorte aufnehmen.

Allerdings fallen die Typenbezeichnungen in Österreich und Deutschland verschieden aus – in der Tabelle findest du zusammengefasst, was in welchem Land erhältlich ist.

ÖSTERREICH	DEUTSCHLAND
Weizenmehl Type 480	Weizenmehl Type 405
Weizenmehl Type 700	Weizenmehl Type 550
Dinkelmehl Type 700 bzw. 900	Dinkelmehl Type 630

Sowohl Vollkorn- als auch Weizenmehl haben ihre ganz eigenen Vorteile, wenn du Süßes backen bzw. Desserts zubereiten willst. Nehmen wir als Beispiel Dinkelmehl: Es enthält weniger Gluten als Weizenmehl, also weniger „Klebstoff", sodass der Teig etwas weniger elastisch ausfällt. Das ist übrigens nicht unbedingt ein Nachteil – für klassische Waffeln (Seite 180) verwende ich z. B. am liebsten Dinkelmehl. Übrigens: Der heutige Kulturweizen ist aus Dinkel entstanden, auch Dinkelmehl kann also ganz einfach zum Backen von Kuchen oder Torten verwendet werden. Die gesunden Inhaltsstoffe sind ein weiterer Pluspunkt. Dinkel- und Weizenmehl kannst du in den Rezepten 1:1 austauschen.

Apropos Konsistenz: Unabhängig vom verwendeten Mehl würde ich generell empfehlen, es in den Teig zu sieben – so verbinden sich die Zutaten besonders gut.

Gut zu wissen ist vielleicht noch, dass Vollkornmehl und Dinkelmehl eine leicht nussige Note mitbringen. Das kann (je nach persönlichen Vorlieben) in manchen Rezepten genau der feine Unterschied sein, der dem fertigen Gebäck oder Dessert den ganz besonderen Geschmack verleiht. Ich mache beispielsweise Crumble (Seite 184) gerne manchmal mit Dinkelmehl und kann nur empfehlen: Probier es einfach mal aus!

Nüsse und Mandeln

Nicht nur für das Backen zu Weihnachten sind geriebene Hasel- oder Walnüsse und Mandeln

eine praktische Grundzutat. In der geschlossenen Packung sind sie viele Monate haltbar. Geöffnete Packungen sollten zeitnah aufgebraucht werden. Im Zweifelsfall hilft aber der Geruchstest: Riechen die Nüsse bzw. Mandeln komisch? Dann verwende sie lieber nicht mehr.

Schokolade und Kuvertüre

Was wäre das Backen ohne Schokolade in all ihren Ausführungen? Je nachdem, wie intensiv die Schokoladennote sein soll und wie der Teig zusammengesetzt ist, gibt es aber natürlich verschiedene Optionen. Tafelschokolade, Kochschokolade, Kuvertüre: Was ist der Unterschied?

- ••• Kuvertüre: die Variante mit dem höchsten Gehalt an Kakaobutter (31 Prozent oder mehr). Durch den hohen Fettgehalt schmilzt Kuvertüre sehr gut, lässt sich leicht als Glasur verteilen und glänzt als solche etwas mehr als reguläre Tafel- oder Kochschokolade.

- ••• Tafelschokolade: mit einem Kakaobutter-Gehalt von mindestens 18 Prozent die gängige Alternative zur Kuvertüre.

- ••• Kochschokolade: der Klassiker fürs Backen. Das Schmelzen funktioniert am besten über einem Wasserbad oder in der Mikrowelle.

Bei allen schokoladigen Varianten gilt: Wenn mal ein Rest übrig bleibt, kannst du ihn einfach beim nächsten Mal erneut im Wasserbad schmelzen. Besonders schön glänzt Schokoladenglasur übrigens, wenn du Tafel- oder Kochschokolade zusammen mit etwas Kokosfett schmilzt. Ein Beispiel findest du bei den Kuchenpralinen auf Seite 206.

Nougat und Nougatcreme

Es gibt im Wesentlichen zwei Möglichkeiten, wie du Nougat beim Backen einsetzen kannst: in flüssiger Form im Teig oder als Creme. Wenn du Nougat am Stück kaufst, gib es einfach bei 60 °C Heißluft in den Backofen, bis es zerläuft und streichfähig ist – fertig. Nougatcreme wiederum ist unglaublich vielseitig einsetzbar; ich verwende sie sehr gerne für Füllungen wie bei Eclairs (Seite 68) oder auch in Desserts.

Du möchtest die Nougatcreme selber machen? Dann findest du hier ein Rezept dafür:

NOUGATCREME
25 MINUTEN
170 °C HEISSLUFT

ZUTATEN
für 1 Glas à 400 ml

150 g Schokolade

200 g ungeschälte Haselnüsse

150 g Staubzucker

10 g Backkakaopulver

50 g Öl

Die Schokolade über einem Wasserbad schmelzen, währenddessen die Haselnüsse im vorgeheizten Backofen bei 170 °C Heißluft ca. 5 Minuten rösten.

Danach im Zerkleinerer die Haselnüsse mit Staubzucker zerkleinern, sodass eine weiche Masse entsteht. Abschließend die geschmolzene Schokolade, Backkakaopulver und Öl hinzufügen und unterrühren.

Das perfekte Wasserbad

In vielen Rezepten wird dir als Arbeitsschritt das Schmelzen von Schokolade bzw. Kuvertüre über einem Wasserbad begegnen. Beim Schmelzen über Wasserbad zergeht die Glasur viel gleichmäßiger und lässt sich so schöner über den Kuchen bzw. das Gebäck verteilen.

Nun also zur wichtigsten Frage: Wie geht so ein Wasserbad?

Du brauchst dafür einen Topf und eine hitzebeständige Schüssel bzw. einen kleineren Topf. Das Ziel ist, dass die Schüssel oder das Behältnis deiner Wahl in den größeren Topf gesetzt bzw. eingehängt werden kann, sodass noch etwas Abstand zum Topfboden bleibt.

Jetzt kannst du die Schokolade oder Kuvertüre in Stücke brechen bzw. hacken und in die Schüssel geben. Fülle den größeren Topf so hoch mit Wasser, dass der Boden der Schüssel gerade so nass wird. Erwärme dann das Wasser bei mittlerer Hitze und bleib dabei unbedingt am Herd stehen: Wenn du kontinuierlich umrührst, schmilzt die Schokolade schön gleichmäßig. Beim Wasserbad gilt also: Ein bisschen Geduld zahlt sich aus!

Kakao bzw. Backkakao

Wo wir gerade beim Thema Schokolade waren: Backkakaopulver ist der schnellste Weg, einem Teig eine schokoladige Note zu verleihen. An der Stelle aber zuerst ein paar Worte zur genauen Bezeichnung: Kakao ist nicht gleich Kakao, deswegen ist in diesem Buch aus gutem Grund immer von Backkakaopulver die Rede. Damit ist die ungesüßte Variante gemeint.

Trinkkakaopulver ist meist mit Zucker versetzt. Nimmt man diesen Trinkkakao für ein Backrezept, in dem grundsätzlich schon mit Zucker o. Ä. gesüßt wird, kann das schnell zu viel des Guten werden.

Mit Backkakao wiederum bist du bestens ausgestattet. Wähle am besten ein stark entöltes Produkt in Bio-Qualität: Zu viel Öl und damit ein zu hoher Fettgehalt kann bewirken, dass der Kuchen nicht so aufgeht wie gewünscht.

Süßungsmittel: Klassiker und Alternativen

Ein ungesüßter Kuchen wäre eindeutig nur das halbe Vergnügen, oder? Bei den Süßungsmitteln kommen da natürlich zuerst Zucker und Staubzucker in den Sinn – die Klassiker eben. Was dabei wichtig zu wissen ist: Diese Süßungsmittel beeinflussen nicht nur den Geschmack, sondern auch die Konsistenz des fertigen Kuchens, Gebäcks oder Desserts. Warum das? Ganz einfach: Der (Staub-)Zucker schmilzt beim Backen und verleiht dem Teig bzw. Dessert dadurch zusätzlich Feuchtigkeit.

Aber wie ist das mit anderen Varianten, Stichwort Rohrzucker und brauner Zucker? Und welche alternativen Süßungsmittel gibt es? Nehmen wir die verschiedenen Varianten einmal genauer unter die Lupe!

•• **Feinkristallzucker:** der Klassiker für süßes Gebäck aller Art und, wie der Name sagt, fein gemahlener Haushaltszucker. Hergestellt wird Zucker generell aus Zuckerrüben oder Zuckerrohr. Die weiße Farbe von Kristallzucker entsteht durch das sogenannte Raffinieren: Dabei werden die rohen Zuckerkristalle mehrmals gereinigt und gefiltert.

•• **Staubzucker:** fein, feiner, Staubzucker! Hier handelt es sich um die noch stärker zerkleinerte Variante von Feinkristallzucker. Geschmacklich besteht kein Unterschied, da es sich um die gleiche Ausgangszutat handelt – nur eben in einem anderen Feinheitsgrad. Du kannst also Zucker jederzeit 1:1 durch Staubzucker ersetzen. Das ist sogar empfehlenswert, denn der fein gemahlene Staubzucker verbindet sich noch besser mit den anderen Zutaten.

•• **Vanillezucker:** ebenfalls bei vielen Rezepten nicht wegzudenken, da er dem Teig eine ganz leichte Vanillenote verleiht. Diese entsteht durch Vanillemark oder natürliches Vanilleextrakt, das mit Feinkristallzucker gemischt wird. Theoretisch kannst du also aus dem Zucker, den du zu Hause hast, und dem Mark einer Vanilleschote auch jederzeit selbst Vanillezucker herstellen.

•• Rohrzucker: die weniger verarbeitete Variante. Im Vergleich zu Kristallzucker ist Rohrzucker braun, schmeckt etwas milder und hat eine Karamellnote. Diese kommt von der Melasse, also dem Zuckersirup aus dem Zuckerrohr bzw. der Zuckerrübe.

•• brauner Zucker: genau wie Rohrzucker nicht reinweiß, hat aber einen höheren Melasse-Gehalt als dieser. Dadurch ist der Geschmack intensiver und auch der Feuchtigkeitsgehalt etwas höher. Brauner Zucker eignet sich also sehr gut, wenn der Kuchen besonders saftig werden soll – wie beispielsweise ein Vollkorngugelhupf (Seite 104).

•• Honig: bringt ähnlich wie Rohrzucker oder brauner Zucker eine eigene Note mit und passt genau aus diesem Grund besonders gut in manche Rezepte (zum Beispiel Schokobrownies, Seite 123). Sollte der Honig im Glas kristallisiert, also fest geworden sein, kannst du ihn einfach kurz aufwärmen und dann zum Backen wieder in flüssiger Form verwenden.

Bleibt noch die letzte große Frage: Kann man gängigen Kristallzucker 1:1 durch alle anderen aufgezählten Süßungsmittel ersetzen? Ja, das ist prinzipiell kein Problem und in den meisten Fällen möglich. Wenn du statt weißem lieber braunen oder Rohrzucker verwendest, wird der Teig einfach etwas dunkler und bekommt eine leichte Karamellnote.

Achtung, ein kleiner Sonderfall ist Honig: Da es sich um ein flüssiges Süßungsmittel handelt, das in der Regel intensiver schmeckt als Kristallzucker, würde ich hier empfehlen, nur etwa drei Viertel der Zuckermenge zu nehmen. Falls im Rezept Öl, Milch oder eine andere Flüssigkeit verwendet wird, reduzierst du diese Menge am besten entsprechend um ein Viertel, damit die Gesamtmenge an flüssigen Zutaten ausgeglichen ist.

Milchprodukte

Ob saftiger Swirl-Cheesecake (Seite 171) oder zarte Cupcakes (zum Beispiel Seite 72): Milchprodukte als Basis für Cremes, Toppings und Füllungen sind beim Backen nicht wegzudenken. Mit Topfen, Frischkäse, Mascarpone und Schlagsahne hast du eine große Bandbreite zur Auswahl.

Gelatine

Durch Gelatine wird eine Tortencreme o. Ä. stabiler und schnittfest. Bevor du Gelatineblätter verwendest, müssen sie eingeweicht werden:

••• Lege die Gelatineblätter ca. 10 Minuten in eine Schüssel mit kaltem Wasser.

••• Drücke sie danach gründlich aus. Jetzt kannst du die Gelatine unter ständigem Rühren in ganz leicht erwärmter Flüssigkeit (Wasser, Milch, Fruchtpüree o. Ä.) auflösen.

••• Lass die aufgelöste Gelatine kurz abkühlen und rühre dann 1–2 EL von den kalten Zutaten für die Creme oder Fülle ein. Gib die Mischung zur restlichen Menge Creme. So entsteht kein „Temperaturschock" und alle Zutaten verbinden sich gleichmäßig.

Damit die Weiterverarbeitung der Gelatineblätter optimal gelingt, hier noch ein paar wesentliche Tipps zur Handhabung generell.

Erstens sollte die Gelatine nie zu warmen Temperaturen ausgesetzt werden. Egal ob es die Flüssigkeit zum Einweichen ist oder die Creme, in der du die Gelatine einrührst – die Devise lautet „kalt oder lauwarm, aber auf keinen Fall heiß".

Zweitens planst du die Gelatine-Vorbereitung als Arbeitsschritt am besten so ein, dass du sie direkt weiterverwenden kannst. Wenn die Gelatine zu lange vorher eingeweicht wird, büßt sie genau die Eigenschaft ein, wegen der sie verwendet wird: eine Masse fester machen.

Triebmittel

Wie geht das eigentlich, dass Triebmittel wie Backpulver bzw. Natron einen Teig aufgehen lassen? Ganz einfach: Beim Aufschlagen der Zutaten gelangt Luft in den Teig, und eben diese Luftbläschen werden durch das Triebmittel vergrößert. Dann gibt es noch die Dritte im Bunde: Germ/Hefe. Auch sie sorgt dafür, dass sich das Teigvolumen vergrößert.

Du hast noch nie mit Germ/Hefe gebacken und weißt nicht so recht, wie man damit umgeht? Keine Sorge: Das ist ganz unkompliziert. Solange der Teig genug Zeit zum Rasten hat (wie jeweils im Rezept angegeben), kann gar nicht viel passieren. Damit du trotzdem bestens vorbereitet bist, habe ich im Anschluss ein paar Tipps zum Backen mit diesem Triebmittel zusammengefasst – los geht's!

Ich verwende am liebsten frische Germ/Hefe. Gut zu wissen ist, dass ein Würfel frische Germ/Hefe ca. 42 g hat – entsprechend findest du diese Menge in vielen Rezepten im Buch. Falls du keine frische Germ/Hefe verwendest, ist Trockengerm/-hefe eine praktische Alternative. Die eine Variante kann zwar nicht 1:1 durch die andere ersetzt werden, aber als Faustregel gilt: Ein Teil frischer Germ/Hefe entspricht ca. einem Drittel Trockengerm/-hefe. Wenn du also beispielsweise bei einem Bienenstich (Seite 93) einen Würfel frische Germ/Hefe mit 42 g brauchst, könntest du alternativ 14 g Trockengerm/-hefe nehmen. Das entspricht zwei Packungen.

Abgesehen davon gibt es noch einen Unterschied in Sachen Lagerung. So bewahrst du frische Germ/Hefe und die Trockenvariante richtig auf:

- ••• Frische Germ/Hefe hält sich im Kühlschrank ca. 1–2 Wochen, idealerweise in einem Schraubglas oder einem anderen luftdichten Behälter.

- ••• Trockengerm/-hefe ist an einem trockenen, lichtgeschützten Ort bei Zimmertemperatur am besten aufgehoben – ein Küchenschrank ist also z. B. gut geeignet. Geöffnete Packungen lagerst du am besten in einer Box oder einem anderen luftdichten Behälter im Kühlschrank. So hält sie sich mehrere Monate.

Auch Einfrieren ist bei luftdicht verpackter Germ/Hefe eine Option. Nimm die Germ/Hefe dann möglichst am Vortag der Verwendung aus dem Gefrierfach, sodass sie über Nacht im Kühlschrank langsam auftauen kann.

IMMER AN DEINER SEITE: DIE BESTEN BACKHELFER

Bevor überhaupt das erste Ei aufgeschlagen und der Ofen vorgeheizt wird, stellt sich die grundlegende Frage: Was braucht man eigentlich zum Backen? Und noch konkreter: Was ist unverzichtbar, was fällt eher in die Kategorie „praktisch, aber es geht auch ohne"? Im Anschluss findest du einen Überblick, welche Ausstattung bei mir regelmäßig zum Einsatz kommt und was zusätzlich hilfreich ist, wenn du gerne bäckst. Du wirst sehen: Die Liste ist nicht allzu lang. Vieles davon hast du sicher schon in deiner Küche.

Die Grundausstattung

Diese Gegenstände brauchst du in der Regel für die allermeisten Rezepte:

- ••• Rührschüssel(n): Idealerweise hast du mehr als eine Rührschüssel parat – für den Fall, dass du beispielsweise einen hellen und einen dunklen Teig zubereiten willst.

••• **Teigspatel:** Damit kannst du den Teig, die Creme o. Ä. bis aufs Letzte aus der Rührschüssel herausholen.

••• **Pinsel:** Je gründlicher die Backform eingefettet ist, desto leichter lässt sich der ausgekühlte Kuchen auf einen Teller oder die Kuchenplatte stürzen.

••• **Digitale Küchenwaage:** Achte darauf, die Zutaten immer möglichst genau abzuwiegen.

••• **Küchenmaschine oder Handmixer:** Die KitchenAid ist bei mir für fast jedes Rezept im Einsatz. Alternativ kannst du natürlich auch einen Handmixer verwenden.

••• **Backformen:** kastenförmig, als 3-in-1-Variante, rund – es empfiehlt sich auf jeden Fall, einen Grundstock an Formen parat zu haben. Mehr dazu kannst du auf Seite 21 nachlesen.

••• **Rundholz:** Dieses Hilfsmittel ist natürlich speziell beim Ausrollen von Mürbteig (Seite 45) wichtig, kommt aber auch bei der Herstellung von Plunderteig (Seite 43), für das Formen von Baumkuchen (Seite 59) o. Ä. zum Einsatz.

Die erweiterte Ausstattung

Wenn du regelmäßig bäckst und dein Backwerk auch gerne verzierst, lohnen sich diese Hilfsmittel definitiv.

••• **Teigkarte und -abstecher:** Mit einer Teigkarte kannst du Cremes und Füllungen lückenlos verteilen. Ich verwende am liebsten eine Karte aus Edelstahl. Damit kann ich bei Bedarf (zum Beispiel für Mohn-Marzipan-Schnecken, siehe Seite 60) auch einzelne Teigstücke abstechen.

••• **Pürierstab:** Dein wichtigster Helfer, wenn du gerne Kuchen und Torten mit Fruchtpüree machst.

••• **Feines Sieb:** Einerseits werden Fruchtpüree und Marmelade extra sämig und streichfähig, wenn du sie durch das Sieb passierst. Andererseits lohnt es sich, Mehl und (Staub-)Zucker zu sieben, bevor du die Zutat in den Teig gibst – so verbindet sie sich noch besser mit den anderen Zutaten.

••• **Spritzbeutel mit Tülle(n):** Damit lässt sich die Verzierung einfach und gleichmäßig handhaben. (Mehr zu den Tüllen auf Seite 22.)

••• **Winkelpalette:** Immer dann hilfreich, wenn du z. B. Creme-Füllung auf einem Tortenboden verstreichen willst (mehr zum Zusammensetzen von Torten ab Seite 38).

Die Jetzt-geht's-richtig-los-Ausstattung

••• **Dauerbackfolie:** Mit einer beschichteten Folie sparst du dir viel Backpapier. Manche Exemplare können bis zu 1000-mal wiederverwendet werden. Die Handhabung ist ganz einfach: Wische die Folie feucht ab, und fertig. Wichtig ist nur, das Gebäck nicht auf der Folie zu schneiden.

••• **Tortenrandfolie:** So lassen sich zum Beispiel Dessertringe sauber von Törtchen lösen.

••• **Backthermometer:** Manchmal muss eine Zutat exakt auf eine bestimmte Temperatur erhitzt werden (siehe zum Beispiel das Öl bei Churros, Seite 71). In solchen Fällen ist ein Backthermometer sehr hilfreich.

••• Dessertgläser: Für Karottenkuchen im Glas (Seite 202), Crumble (Seite 184) etc. eignen sich diese Behältnisse optimal. Alternativ kannst du normale Gläser oder Tassen verwenden – diese sollten aber unbedingt ofenfest sein, sofern das Dessert im Ofen gebacken wird.

TOP IN FORM: DIE BACKFORMEN

Wie ein Teig in den Ofen kommt, ist wortwörtlich eine Formsache – und auch hier gibt es ein paar Varianten, die ich dir als Grundausstattung empfehlen würde. Ich verwende regelmäßig die folgenden Backformen und Standardformate. Die Zutatenmengen bei den Rezepten (ab Seite 56) sind entsprechend auf diese Formengröße ausgelegt.

••• Gugelhupfform, Durchmesser 22 cm

••• Tortenform (Springform), Durchmesser 24 cm

••• Kastenform, 30 × 11 cm

••• Auflaufform, 26 × 20 cm

Zusätzlich zu dieser Basis kannst du deine Ausstattung um folgende Formen erweitern:

••• Eckiger Backrahmen, 20 × 20 cm (klein) oder 35 × 35 cm (groß)

••• Tortenring, Durchmesser 24 cm

••• Dessertringe, Durchmesser 8 cm

••• Muffinblech oder andere (Silikon-)Formen für kleines Gebäck: Mini-Gugelhupfe (siehe Seite 84), Muffins etc.

Genauso wichtig wie die Backform selbst ist allerdings die Vorbereitung. Je nachdem, welches Material deine Backform hat, gibt es hier verschiedene Optionen:

••• Backformen aus Metall, Keramik o. Ä. solltest du immer gründlich mit etwas zimmerwarmer Butter einfetten und ggf. mit Semmelbröseln oder Mehl bestreuen, bevor du den Teig einfüllst.

••• Wenn es schnell gehen muss, kannst du alternativ Backtrennspray verwenden oder die Form mit Backpapier auslegen. Letzteres funktioniert jedoch nicht bei allen Backformen gleich gut.

••• Backformen aus Silikon musst du nicht einfetten. Hier reicht es, wenn du die Form gründlich mit kaltem Wasser ausspülst.

••• Auch beschichtete Backformen kannst du theoretisch ohne Einfetten befüllen. Wenn du ganz sichergehen möchtest, schadet es aber natürlich nicht, die Form einzufetten.

TIPP
Egal, welche Backform du verwendest, fülle sie nur maximal zu drei Vierteln. Andernfalls kann es passieren, dass der Teig überläuft.

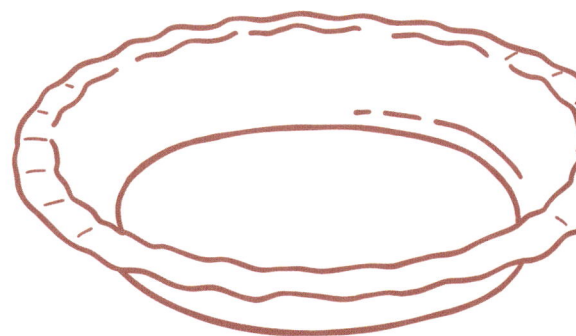

MEINE PERSÖNLICHEN BACK-LIEBLINGE

Beim Backen gibt es oft viel Spielraum. Verschiedene Materialien beim Zubehör, diverse Zutaten-Optionen – da heißt es: nur nicht verwirren lassen. Der Einfachheit zuliebe werden in diesem Buch oft Oberbegriffe verwendet. Damit du gleich weißt, was damit jeweils gemeint ist, hier eine Aufzählung, womit ich meistens arbeite:

SCHOKOLADE	Kochschokolade, Tafelschokolade
ÖL	Rapsöl, Sonnenblumenöl, Maiskeimöl
MATERIAL DER BACKFORM (AUSWAHL)	Edelstahl, emailliert
GELATINE	Blätter
ZUCKER	Feinkristallzucker

DAS I-TÜPFELCHEN: DEKORATION

Tüllen und Spritzbeutel

Klein, groß, in Blumen- oder Sternform – bei Tüllen, also den Aufsätzen für Spritzbeutel, hast du die freie Wahl. Als Grundausstattung bietet es sich an, jeweils eine kleine, mittlere und große Tülle parat zu haben. Und dann kommt es nur darauf an, wie die Verzierung aussehen soll: Für einen Schriftzug, eine Zahl o. Ä. nimmst du am besten eine runde Tülle. Wenn du wiederum Ranken oder Blüten auf oder um eine Torte setzen möchtest, eignet sich eine sternförmige Tülle.

Wenn du noch nicht allzu oft mit einem Spritzbeutel gearbeitet hast, kann es sinnvoll sein, zuerst kurz auf einem Stück Backpapier zu üben. So bekommst du gleich ein Gefühl dafür, wie fest du drücken solltest, wie viel Creme aus der Tülle kommt, und mit wie viel Schwung das Ergebnis am schönsten wird.

Zu guter Letzt noch ein Tipp, was die Mengen betrifft: Fülle den Spritzbeutel nicht viel weiter als bis zur Hälfte, damit der Inhalt nicht oben herausgedrückt wird, während du die Torte oder den Kuchen verzierst. Die Creme, die du in der Zwischenzeit nicht verwendest, ist im Kühlschrank gut aufgehoben. Das gilt vor allem, wenn es sich um Buttercreme handelt. Lege idealerweise vorab auch schon den Spritzbeutel in den Kühlschrank: So wird die Creme nicht so schnell (zu) weich.

Schokoladendekor

Neben der klassischen Kuvertüre oder Schokoladenglasur gibt es natürlich noch viele andere Möglichkeiten, dein Backwerk schokoladig zu verzieren. Versuch es zum Beispiel mal mit Ornamenten: Gib Schokoladenstücke in einen Einweg-Spritzbeutel, schmelze die Schokolade darin und schneide dann die Spitze ab (siehe Seite 23). So kannst du auf einer Dauerbackmatte oder etwas Backpapier beliebige Formen kreieren: Herzen, Notenschlüssel, Blumen, Ziffern, Früchte, ... Um extra feine Muster zu schaffen, kannst du auch einen Zahnstocher verwenden.

Danach heißt es cool bleiben: Lass die Schokolade bei Zimmertemperatur aushärten und gib sie dann in den Kühl- oder Gefrierschrank.

1. Schokoladestücke in den Spritzbeutel geben.

2. Den Spritzbeutel in heißes (aber nicht kochendes!) Wasser legen, bis die Schokolade geschmolzen ist.

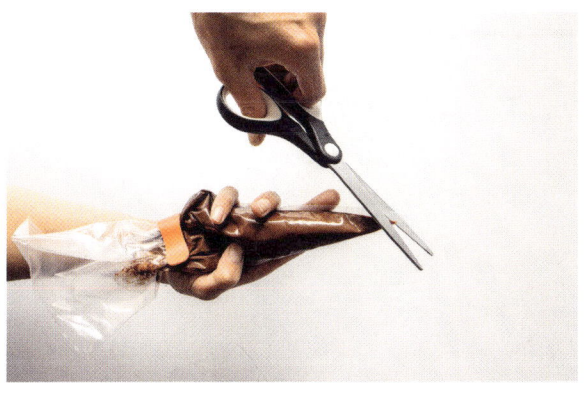

3. Die Spitze abschneiden. Je kleiner das Loch ist, desto feiner wird das Ornament.

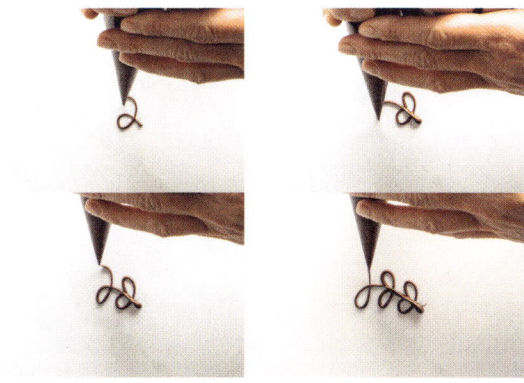

4. Vorsichtig und langsam das Motiv aufspritzen.

5. Am Ende von oben durch die Mitte fahren, um alles gut zu verbinden, und anschließend aushärten lassen.

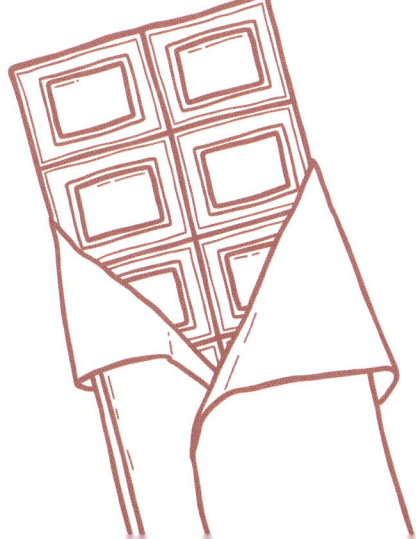

Glasieren

Auch bei den Glasuren gibt es Klassiker, die zu den allermeisten Rezepten passen. Je nachdem, für welche Variante du dich entscheidest, wird das Ergebnis mit kleinen Tricks besonders schön:

••• **Schokoladenglasur:** Wenn du die Schokolade zusammen mit etwas Kokosfett mischst (20 g pro 100 g Schokolade), glänzt die Glasur besonders schön. Erwärmen solltest du die Schokolade möglichst über einem Wasserbad. Gibst du sie nur in einen Topf, kann es passieren, dass sie ungleichmäßig schmilzt und sich nicht gut über den Kuchen gießen lässt. Achtung: Beim Schmelzen über dem Wasserbad lautet die Devise nicht „viel hilft viel". Deutlich besser ist es, wenn das Wasser (und damit die Schokolade) langsam bei geringer bis mittlerer Hitze erwärmt wird (siehe auch Seite 15).

••• **Staubzuckerglasur:** Sie besteht aus Staubzucker, Zitronensaft und/oder Wasser und ggf. einem Eiweiß. Achte darauf, den Staubzucker möglichst fein zu sieben – so entsteht eine glatte, dickflüssige Glasur, die sich ohne Klümpchen über den Kuchen verteilen lässt. Wenn du die Glasur anrührst, nimm lieber zuerst etwas weniger Flüssigkeit und gib schrittweise mehr dazu, damit die Glasur nicht versehentlich zu dünnflüssig wird.

••• **Ganache:** Bei dieser Art Schokoladenglasur wird die Schokolade zusammen mit Schlagsahne über einem Wasserbad geschmolzen. Beim Mischverhältnis Schokolade zu Sahne hat sich 2:1 bewährt.

Sobald die Glasur auf dem Kuchen oder der Torte ist, sollte sie möglichst noch bei Zimmertemperatur aushärten bzw. fester werden.

Geschmacklich ändert sich natürlich nichts, wenn die Kuchenplatte oder das Blech schon vorher in den Kühlschrank wandert. Es kann nur sein, dass die Glasur dann nicht mehr so stark glänzt.

Übrigens: Sollte einmal etwas Glasur übrigbleiben, hält sie sich einige Tage im Kühlschrank.

Wie glasiert man richtig?

Die Glasur steht bereit, der ausgekühlte Kuchen auch – jetzt ist nur noch ein bisschen Fingerspitzengefühl beim Glasieren gefragt und das Glanzstück ist auch schon fertig. Damit das Ergebnis gleichmäßig ausfällt, hier ein paar Tipps zur Vorgehensweise.

Für eine Rundum-Verzierung gießt du die Glasur mittig auf die Torte (bzw. den Kuchen). Nimm die Tortenplatte auf und drehe sie vorsichtig leicht schräg hin und her, sodass die Glasur von selbst verläuft. Sobald die Oberfläche gleichmäßig bedeckt ist und die Glasur an den Seiten herunterrinnt, kannst du dort mit der Winkelpalette alles verstreichen. Dabei ist es sinnvoll, möglichst zügig zu arbeiten.

SCHRITT-FÜR-SCHRITT-VIDEO

1. Die Glasur ein wenig abkühlen lassen und in die Mitte der Torte leeren.

2. Die im Rezept auf Seite 24 angegebene Menge (100 g Schokolade und 20 g Kokosfett) reicht für Oberseite und Rand.

3. Durch gleichmäßige, langsame Drehbewegungen lässt sich die Glasur gut verteilen.

4. Die Torte anschließend kühl stellen, bis die Glasur fest ist.

Alternativ kannst du eine Glasur auch aus dem Spritzbeutel oder ganz einfach mit einem Löffel auftragen. Rühre die Glasur in der Schüssel währenddessen immer wieder kurz auf, damit sie schön flüssig bleibt.

TIPP
Wenn du keinen Spritzbeutel zu Hause hast, funktioniert das Glasieren alternativ auch mit einem Frischhaltebeutel, von dem du einfach ein winziges Eck als Spritzöffnung wegschneidest.

Fruchtpüree
Fruchtpürees kannst du einfach und schnell selbst zubereiten. Dazu eignen sich reife Früchte genauso wie tiefgekühlte Früchte. Wenn du frisches Obst verwendest, reicht es schon, es ein bisschen zu zerkleinern. Gefrorene Früchte solltest du zuerst kurz aufkochen. Dann kannst du die Fruchtmasse auch schon mit dem Pürierstab fein pürieren und anschließend noch durch ein grobes Sieb passieren – fertig. Was die Menge betrifft, gilt: Es verbleiben ca. 50–60 % der verwendeten Früchte als Püree. Wenn du also beispielsweise für Himbeer-Cremeschnitten (siehe Seite 119) 50 g Himbeerpüree zubereiten willst, brauchst du dafür ca. 100 g Beeren.

MEIN LIEBLINGSTOPPING FÜR CUPCAKES

200 g Frischkäse	
100 g Staubzucker	
100 g zimmerwarme Butter	
(12 g Fruchtpüree)	

Frischkäse und Staubzucker auf mittlerer Stufe cremig aufschlagen, danach Butter dazugeben und nochmals kurz aufschlagen. Nach Belieben das Fruchtpüree unterrühren. Das Topping in einen Spritzbeutel füllen und auf die Cupcakes aufspritzen.

TIPP
Die Creme nicht zu lange aufschlagen, da sie sonst flüssig wird.

Blumig, fruchtig, bunt: Weitere Ideen
„Das Auge isst mit" gilt immer – aber bei feinem Gebäck, Törtchen, Torten und Kuchen noch ein kleines bisschen mehr. Das Schöne ist, dass du beim Verzieren wirklich nach Lust und Laune alles ausprobieren kannst. Hier ein paar Vorschläge, was sich alles zum Dekorieren eignet:

- gefriergetrocknetes Obst, v. a. alle Arten von Beeren
- frische (essbare) Blüten, z. B. von Gänseblümchen, Lavendel oder Veilchen
- Kräuter wie Minz- oder Basilikumblätter

Noch mehr Inspiration gefällig? Dann schau doch mal bei Ein Herz für dich (Seite 158) oder dem Waldfrucht-Naked-Cake (Seite 145) vorbei.

ENDE GUT, KUCHEN GUT: DIE HÄUFIGSTEN BACK-FRAGEN SCHNELL BEANTWORTET

Egal, ob beim Backen, Kochen oder einer ganz anderen Sache: Es gibt Tage, da läuft es nicht so, wie man es sich vorgestellt hat. Der Teig fällt mehr und mehr in sich zusammen, das Eiweiß wird einfach nicht zu steifem Schnee, der gebackene Kuchen ist gefühlt unzertrennlich mit der Backform verwachsen … Keine Sorge, das passiert uns allen mal. Und ist auch nicht weiter schlimm, denn: Der nächste Versuch gelingt bestimmt wieder viel besser! Im Anschluss habe ich ein paar Erklärungen gesammelt, woran es erfahrungsgemäß oft scheitert.

Warum wird der Eischnee nicht steif?

Das liegt in der Regel an Fettrückständen: Sei es, weil ein wenig Eigelb mit in der Rührschüssel gelandet ist oder weil die Rührstäbe oder die Schüssel selbst leicht fettig waren. Das Fett führt dazu, dass das Protein keine feste Struktur annehmen kann. Die oberste Regel lautet deshalb: Wasche die Rührstäbe von Mixer bzw. Küchenmaschine sowie die Rührschüssel gründlich mit heißem Wasser und Spülmittel, bevor du die Eier (vorsichtig!) trennst.

Kann ich halbfesten Eischnee trotzdem verwenden?

Erfolgsgarantien gibt es zwar keine, aber du kannst Folgendes versuchen: Gib eine Prise Salz, Zucker oder Sahnesteif in das Eiweiß und schlage es noch einmal auf.

Warum sollten die Zutaten zimmerwarm sein?

Ganz einfach: Sie verbinden sich dann besser miteinander. Wenn alle Zutaten direkt aus dem Kühlschrank kommen, ist die Wahrscheinlichkeit höher, dass der Teig etwas klumpig wird. Natürlich gibt es Ausnahmen: Mürbteig zum Beispiel (siehe Seite 45) sollte auf jeden Fall mit kalter Butter zubereitet werden. Sofern im Rezept nicht anders angegeben, kannst du aber davon ausgehen, dass die Zutaten zimmerwarm sein sollten.

Ist es schlimm, wenn die Mengenangaben nicht genau stimmen?

Geringe Abweichungen können immer mal passieren, und es entsteht kein völlig anderes Ergebnis, nur weil aus Versehen vielleicht 2–3 Gramm mehr oder weniger in der Rührschüssel gelandet sind. Grundsätzlich würde ich aber doch empfehlen, die Zutaten so genau wie möglich abzuwiegen. So bist du auf der sicheren Seite. Aus Erfahrung kann ich sagen: Nach Augenmaß oder mit „ungefähr"-Angaben zu backen, kann funktionieren – es kann aber auch schiefgehen.

Was kann ich tun, wenn der Kuchen sich nicht aus der Form löst?

Du hast die Form bestens eingefettet – und trotzdem bleibt er in der Form hängen und lässt sich nicht stürzen? Dann ist vielleicht einfach noch etwas Geduld gefragt: Stell die Form mit dem Kuchen ca. 15 Minuten ins Gefrierfach, sodass er gründlich abkühlt. Generell solltest du nach dem Backen mindestens 10 Minuten warten, bevor du die Form umdrehst – idealerweise länger. Sollte sich der Kuchen partout nicht lösen, versuch es damit, ein nasses Tuch um die Form zu legen.

1. Die Form gut einfetten ...

2. ... und mit Semmel-
bröseln bestreuen.

3. Überschüssige Semmel-
bröseln gut ausklopfen.

4. Den Teig immer ganz
durchbacken und aus-
kühlen lassen.

5. Den Kuchen vorsichtig
mit einer Spachtel von
der Form lösen.

6. Ein nasses Geschirrtuch
um die Form wickeln,
10 Minuten warten und
nochmals probieren.

Muss ich eine beschichtete Kuchenform auch einfetten?

Nein, das ist nicht zwingend nötig. Da es aber durchaus Qualitätsunterschiede bei der Beschichtung gibt, machst du im Zweifelsfall nichts falsch, wenn du auch diese Formen ein bisschen einfettest.

Warum wird der Kuchen nicht luftig?

„Viel hilft viel" ist bei Rührteigen nicht die beste Devise. Denn je länger ein Teig mit dem Handmixer oder der Küchenmaschine gerührt wird, desto weniger Luft verbleibt darin. Wenn du dir unsicher bist, orientiere dich an der Faustregel, dass keine einzelnen Bestandteile mehr sichtbar sein sollten. Sobald der Teig ohne Klümpchen ist und eine einheitliche Farbe hat, kannst du das Rührgerät abstellen.

Welchen Kuchen bzw. Teig kann ich einfrieren?

Grundsätzlich kannst du so gut wie alles einfrieren, was keine (Sahne-)Creme, frische Früchte o. Ä. enthält. Das gilt einerseits für bereits gebackene Kuchen, Muffins, Waffeln etc. und andererseits auch für Grundteige: Ich bereite zum Beispiel oft einfach etwas mehr Mürb-, Brand- oder Biskuitteig zu und friere dann einen Teil ein. Im Fall von Biskuitteig ist dann nur wichtig, dass du ihn möglichst luftdicht einpackst. Eingefrorener Kuchen hält sich theoretisch rund 4–6 Monate – bei uns zu Hause landet er aber schon viel früher wieder auf dem Teller!

TUTTI FRUTTI:
BACKEN MIT OBST

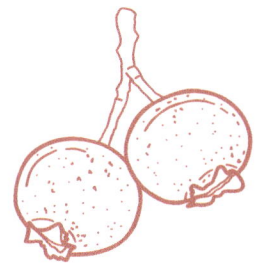

• • •

Nicht umsonst gibt es das Sprichwort mit der Kirsche auf dem Sahnehäubchen – manchmal ist Obst einfach genau das, was einen guten Kuchen oder eine schöne Torte noch besser macht. Falls du wie ich einfach nicht genug von Johannisbeer-Streuselkuchen (Seite 96), Obsttorte (Seite 149), Zwetschgen-Mandel-Strudel (Seite 205), Beerendessert (Seite 201) und Co. bekommen kannst, findest du hier die wichtigsten Informationen zum Backen mit Obst zusammengefasst: Wann ist welches Obst frisch zu haben, welche Alternativen gibt es außerhalb der Saison? Und wie bereitet man Obst zum Backen vor bzw. wie kann es bestmöglich gelagert werden?

SAISONKALENDER: WANN GIBT ES WELCHES OBST?

Mit frischen Zutaten wird das Ergebnis gleich doppelt so gut, und das gilt erst recht, wenn Obst im Spiel ist. Es geht doch einfach nichts über die ersten Erdbeer-Cupcakes (Seite 72) mit vielleicht sogar selbst gepflückten Beeren, oder die erste Gabel von einem saftigen, süß-sauren Rhabarberkuchen (Seite 127).

Im Saisonkalender sind die Monate, in denen die jeweilige Obstsorte frisch erhältlich ist, farbig markiert.

OBSTSORTE	JÄNNER	FEBRUAR	MÄRZ	APRIL	MAI
Äpfel	●	●	●	●	●
Birnen	●	●	●		
Brombeeren					
Erdbeeren					●
Heidelbeeren					
Himbeeren					
Holunderbeeren					●
Johannisbeeren					
Kirschen					●
Marillen					
Mirabellen					
Quitten					
Preiselbeeren					
Rhabarber				●	●
Ringlotten					
Stachelbeeren					
Weichseln					
Weintrauben					
Zwetschgen					
Preiselbeeren					

JUNI	JULI	AUGUST	SEPTEMBER	OKTOBER	NOVEMBER	DEZEMBER

FRUCHTIG DURCHS GANZE JAHR: WAS DU AUSSERHALB DER SAISON VERWENDEN KANNST

Als Obst-Fan kennst du sicher den Moment, wenn man richtig Lust auf etwas Fruchtiges im Kuchen, in der Torte oder dem Dessert hat – aber die Saison gerade nicht so viel Frisches hergibt. Zum Glück gibt es in so einem Fall aber jede Menge Alternativen, auf die du zurückgreifen kannst.

••• **Tiefgekühltes Obst** ist praktisch, weil es saisonunabhängig in guter Qualität erhältlich ist. Ich friere auch gern die eigene Ernte auf Vorrat ein.

••• **Dosenobst oder Obst im Glas** (Pfirsiche, Kirschen, Weichseln, …): Davon habe ich immer einen kleinen Vorrat zu Hause. Pfirsichspalten beispielsweise eignen sich bestens zum Verzieren von Torten oder für die Fülle (siehe Pfirsichtorte, Seite 176). Achtung: Wenn du Obst aus dem Glas oder der Dose verwendest, lass es immer gründlich abtropfen, damit der Teig später nicht flüssiger wird als gewünscht.

••• **Fruchtpüree** kannst du aus frischem Obst ganz einfach herstellen (siehe Seite 26) und dann für einen späteren Zeitpunkt einfrieren.

••• **Marmelade oder Kompott** sind beim Backen Zutaten, die dem Kuchen oft noch das gewisse Etwas verleihen

••• **Gefriergetrocknetes Obst** wie Beeren o. Ä. kannst du entweder zum Verzieren verwenden oder klein zerstoßen und unter den Teig mischen, sodass ein fruchtiges Aroma entsteht.

••• **Trockenobst** wie etwa Rosinen oder kleingeschnittene Trockenpflaumen sorgen für zusätzliche Süße und du kannst sie nach Belieben einfach in den Teig mischen, etwa bei einem Crumble (Seite 184).

Ich mache es generell oft so, dass ich gleich größere Mengen saisonales Obst einkaufe und dann einen Teil davon einfriere oder einkoche.

WIE VERARBEITET UND LAGERT MAN OBST AM BESTEN?

An die Früchte, fertig, los: Obst verarbeiten

Unabhängig davon, woher das Obst kommt, ist der erste Schritt grundsätzlich immer, es unmittelbar vor der Verwendung gründlich abzuwaschen. Ich tupfe das Obst danach mit einem sauberen Geschirrtuch kurz trocken, und dann geht es auch schon weiter mit dem Entstielen und/oder Entkernen.

Richtig gut aufgehoben: Obst lagern

Am richtigen Lagerort und bei passenden Temperaturen halten sich viele Obstsorten durchaus ein paar Tage. Mit folgenden Grundlagen bist du gut beraten.

Steinobst sollte bei Zimmertemperatur aufbewahrt werden, sofern es noch nicht ganz reif ist. Reifes Steinobst wiederum lagerst du am besten im Kühlschrank. Wichtig ist dabei, dass nichts darüber gestapelt wird, um Druckstellen zu vermeiden. Die Kirschen, Zwetschgen o. Ä. sollten dann möglichst nach wenigen Tagen verarbeitet werden.

Äpfel, Birnen etc. halten deutlich länger. Lagere sie an einem kühlen, dunklen und gut belüfteten Ort, idealerweise bei 0–4 °C. Achtung: Äpfel geben Ethylen ab, ein Gas, das den Reifeprozess bei anderem Obst oder Gemüse beschleunigt. Bewahre sie deshalb separat auf (es sei denn, du möchtest genau diesen Effekt bei einem anderen Lebensmittel erreichen).

TIPP
Du willst verhindern, dass aufgeschnittene Äpfel braun werden? Dann beträufle sie mit etwas Zitronensaft – so behalten sie länger ihre ursprüngliche Farbe.

Beeren sind auch am besten im Kühlschrank aufgehoben und sollten, innerhalb weniger Tage aufgebraucht werden. Wenn du sie einfrieren möchtest, gib sie zuerst auf einem Teller oder Blech ausgebreitet ins Gefrierfach. Nach ca. 30 Minuten sind die Beeren so weit angefroren, dass du sie in Dosen oder Frischhaltebeutel umfüllen und platzsparend einfrieren kannst.

GUTE BASIS:
DIE GRUNDTEIGE

• • •

Aller Anfang ist schwer? Nicht beim Backen, versprochen. Denn solange du die Grundlagen wie Zutatenmengen, Backtemperatur und -zeit möglichst genau einhältst, kann nicht allzu viel schiefgehen. Probier es am besten gleich aus: Im Anschluss findest du Basis-Rezepte für die gängigsten Arten von Teig.

Was du dazu noch wissen solltest:

• • • Alle Rezepte wurden mit **Heißluft** gebacken. Wenn du stattdessen mit Ober- und Unterhitze bäckst, stell die Temperatur um 20 °C höher ein. Unabhängig von der Ofeneinstellung gilt aber immer: Vorheizen nicht vergessen!

• • • Die **Zubereitungs- und Backzeit** sowie die **Backtemperatur** hängen jeweils davon ab, wie du den Grundteig anschließend weiterverarbeiten willst. Beispielsweise sind Rührteig-Muffins (z. B. Seite 79) nach ca. 20 Minuten fertig gebacken, ein Gugelhupf (z. B. Seite 107) wiederum bäckt ca. 40–50 Minuten. Daher gibt es bei den Grundrezepten keine Pauschalangaben zu Zeiten und Temperatur. Die entsprechenden Informationen findest du stattdessen beim Rezept deiner Wahl.

BEVOR ES LOSGEHT, HIER NOCH EIN PAAR TIPPS ZUM RÜHREN UND KNETEN

Einen Teig zubereiten ist doch ganz einfach: die Zutaten zusammenrühren und fertig, oder? Ja und nein: Je nachdem, um welche Zutaten bzw.

Konsistenz es geht, gibt es nämlich verschiedene Vorgehensweisen:

Beim Unterrühren tust du genau das, was das Wort beschreibt, also eine Zutat in eine Mischung aus anderen Zutaten rühren, sodass eine homogene Masse entsteht. Das kannst du mit dem Schneebesen oder einem Löffel machen, mit dem Handmixer, mit der Küchenmaschine – was dir eben am liebsten ist. Ein Beispiel ist der klassische Rührteig (Seite 41).

Beim Unterheben ist das Ziel, eine luftige Masse vorsichtig in den Teig einzuarbeiten, damit auch das Endergebnis (z. B. eine Schokomousse, Seite 183) eine schöne, locker-leichte Konsistenz hat. Klassischerweise werden Zutaten wie Eischnee oder geschlagene Schlagsahne untergehoben. In so einem Fall ist jedenfalls Handarbeit gefragt: Nimm einen Teigschaber oder Schneebesen, hole etwas Teig von unten aus der Schüssel nach oben und immer so weiter, bis Eischnee o. Ä. vollständig mit dem Rest vermischt sind.

Beim Kneten eines Teigs hast du wieder die Wahl zwischen Handarbeit und ein bisschen Hilfe durch die Küchenmaschine. Ich überlasse das Teigkneten aus Zeitgründen meistens dem Knethaken – aber wenn ich etwas mehr Zeit habe, mag ich es sehr, mit den Händen aus ganz vielen verschiedenen Komponenten einen glatten, geschmeidigen Teig zu schaffen. Mürbteig sollte grundsätzlich rasch verarbeitet werden, da die Butter durch das Kneten sonst zu warm und der Teig klebrig wird. Germ-/Hefeteig sollte so lange geknetet werden, bis er eine möglichst glatte Oberfläche ohne Klümpchen hat.

SCHICHT FÜR SCHICHT ZUM MEISTERWERK: TORTEN ZUSAMMENSETZEN

Viele Torten bestehen aus zwei oder mehr Teig- und Cremeschichten. Beides muss natürlich erst einmal zusammengesetzt werden – und das ist mit ein bisschen Übung gar nicht schwer. Alles, was du an Utensilien brauchst, ist ein Tortenring und eine Winkelpalette, mit der du die Creme sauber verstreichen kannst.

Der Tortenboden sollte nach dem Backen gut ausgekühlt sein. Schneide den Boden in der Mitte durch und umschließe anschließend eine Hälfte mit dem Tortenring. Und so geht's weiter:

1. Gib die erste Schicht Creme auf den Tortenboden.

2. Jetzt kannst du vorsichtig die nächste Kuchenschicht darauflegen …

3. ... und mit der nächsten Schicht Creme weitermachen.

4. Wenn alle Kuchenschichten zusammengesetzt sind, ziehst du vorsichtig den Tortenring nach oben hin ab.

5. Trage die restliche Creme auf die oberste Kuchenschicht auf ...

6. ... und verstreiche sie auch über die Seiten mit der Winkelpalette.

Stell die fertige Torte vor dem Servieren noch einmal 2–3 Stunden oder gerne auch länger in den Kühlschrank, damit sie die Form behält.

Regenbogentorte | Seite 154

Bananenschnitten | Seite 138

Obsttorte | Seite 149

Zebragugelhupf | Seite 111

Mangotorte | Seite 142

Heidelbeer-Muffins mit Streuseln | Seite 79

RÜHRTEIG

ZUTATEN

TEIG

VARIANTE MIT ÖL

5 Eier	
200 g Zucker	
125 g Öl (Rapsöl, Sonnenblumenöl, Maiskeimöl)	
300 g Mehl	
16 g Backpulver	
125 g Milch	

VARIANTE MIT BUTTER

220 g zimmerwarme Butter	
200 g Zucker	
4 Eier	
440 g Mehl	
16 g Backpulver	
250 g Milch	

ZUM EINFETTEN

etwas Butter (alternativ Backtrennspray)

Der Rührteig ist die Grundmasse für viele Kuchenklassiker wie Gugelhupf, Obstkuchen oder Marmorkuchen. Auch Muffins lassen sich damit wunderbar zubereiten. Von den Grundrezepten ausgehend, kann hier nach Lust und Laune experimentiert werden: Schokostückchen, Apfelraspel oder anderes Obst machen sich im Teig genauso gut wie Nüsse, Kakaopulver oder Naturjoghurt. Lass dich von den verschiedenen Zutaten in den Rezepten überraschen.

ZUBEREITUNG

Variante mit Öl:

Die Eier mit dem Zucker schaumig rühren, bis die Masse hell und cremig ist, dann das Öl langsam einfließen lassen und unterrühren. Mehl und Backpulver abwechselnd mit der Milch kurz unterrühren. Nur so lange rühren, bis alles gut vermischt ist.

Variante mit Butter:

Die zimmerwarme Butter mit dem Zucker schaumig rühren, bis die Masse hell und cremig ist, dann nach und nach die Eier unterrühren. Mehl und Backpulver abwechselnd mit der Milch kurz unterrühren. Nur so lange rühren, bis alles gut vermischt ist.

Die Backzeiten variieren je nach verwendeter Form und Dicke eures Teiges. Folgende Angaben könnt ihr als Richtwerte nehmen: Muffins brauchen ca. 20 Minuten, ein Gugelhupf braucht ca. 40–50 Minuten, ein Kuchen in der Kastenform ca. 40 Minuten, ein Blechkuchen ca. 30–40 Minuten.

TIPP

Wer es gerne noch luftiger möchte, kann die Eier auch trennen, die Eiweiße zu einem steifen Schnee schlagen und diesen erst ganz am Schluss noch vorsichtig unterheben.

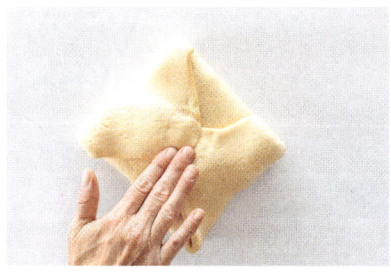

1. Den Teig auf 60 x 60 cm ausrollen und den Butterziegel mittig darauflegen, ...

2. ... die Ecken zur Mitte hin einschlagen und fest zusammendrücken.

3. Mit dem Rundholz auf 30 x 40 cm ausrollen, so dass die Butter gleichmäßig verteilt wird.

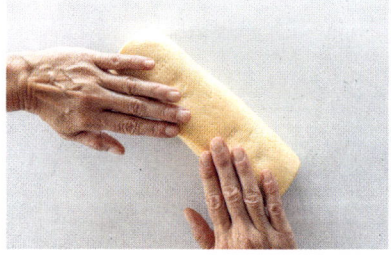

4. Nun den Teig zu drei Schichten übereinander klappen, dazu das untere Ende in die Mitte ...

5. ... und danach das obere Ende darüber einschlagen.

6. In ein feuchtes Geschirrtuch einschlagen ...

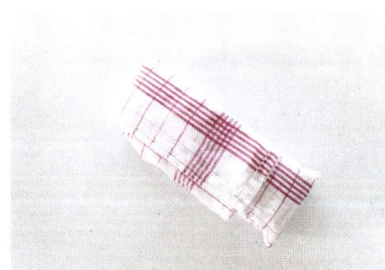

7. ... und so 30 Minuten kalt stellen.

8. Den Teig danach noch zweimal ausrollen, einklappen, in ein Tuch schlagen und kalt stellen ...

9. ... und im Anschluss den Plunderteig nach Belieben weiterverarbeiten.

PLUNDERTEIG

ZUTATEN

TEIG

260 g lauwarme Milch

1 Ei

620 g Weizenmehl 700/550 (D)

42 g frische Germ/Hefe

7 g Salz

70 g Zucker

70 g zimmerwarme Butter

BUTTERZIEGEL

200 g kalte Butter

50 g Weizenmehl 700/550 (D)

ZUBEREITUNG

Für den Plunderteig die lauwarme Milch mit dem Ei verrühren. Anschließend das Mehl dazugeben und die Germ/Hefe direkt darauf bröseln. Salz, Zucker und die zimmerwarme Butter hinzufügen. Alles zu einem feinen, glatten Teig verkneten. Den Teig ca. 30 Minuten bei Zimmertemperatur zugedeckt rasten lassen.

Für den Butterziegel die Butter und das Mehl mithilfe eines Mixers verkneten und zu einem Ziegel mit ca. 10 × 20 cm formen. Den Butterziegel 30 Minuten kalt stellen. Den Teig nach der Rastzeit rechteckig auf 60 × 60 cm ausrollen. Den Butterziegel mittig darauflegen und wie beim Blätterteig (siehe Seite 53) die Ecken zur Mitte hin gleichmäßig einschlagen und fest zusammendrücken. Dann mit dem Rundholz rechteckig auf 30 × 40 cm ausrollen, damit die Butter gleichmäßig verteilt wird.

Den rechteckig ausgerollten Teig möglichst exakt zu drei Schichten übereinander klappen. Dazu das untere Ende in die Mitte und danach das obere Ende darüber einschlagen (jeweils von der kurzen Seite her). In ein feuchtes Geschirrtuch einschlagen und so für ca. 30 Minuten kalt stellen. Den Klappvorgang noch zweimal wiederholen, dabei nach jedem Vorgang wieder in das Tuch einschlagen und kalt stellen.

Den Plunderteig nach Belieben weiterverarbeiten.

TIPP

Sollte der Teig nach dem Kaltstellen klebrig sein, am besten mit etwas Mehl bestäuben – so lässt er sich problemlos ausrollen.

Johannisbeer-Streuselkuchen | Seite 96

Swirl-Cheesecake | Seite 171

Schoko-Kirsch-Kuchen | Seite 100

Pfirsichtorte | Seite 176

Himbeer-Streusel-Torte | Seite 165

Beerendessert | Seite 201

MÜRBTEIG UND STREUSEL

ZUTATEN

TEIG
400 g Weizenmehl 700/550 (D)	
16 g Backpulver	
200 g kalte Butter, in Stücke geschnitten	
180 g Zucker	
3 Eier	

STREUSEL
60 g Zucker	
60 g Weizenmehl 700/550 (D)	
60 g kalte Butter, in Stücke geschnitten	

ZUBEREITUNG MÜRBTEIG

Das Mehl in einer Schüssel mit Backpulver vermischen und die in Stücke geschnittene Butter dazugeben, danach Zucker und Eier hinzufügen. Mithilfe eines Flachrührers die Zutaten zu einem festen Mürbteig verarbeiten. Den Teig ca. 1 Stunde zugedeckt im Kühlschrank rasten lassen.

Danach den Teig auf einer bemehlten Arbeitsfläche ausrollen und nach Belieben weiterverarbeiten.

ZUBEREITUNG STREUSEL

Für die Streusel alle Zutaten miteinander vermischen, bis eine bröselige Masse entsteht. Die Streusel nach Belieben über den Kuchen oder das Gebäck streuen.

TIPP

Es kann auch einfach ein Teil der Mürbteigmasse zu Streuseln weiterverarbeitet werden. Dazu wird der Teig für einige Stunden kalt gestellt und danach mithilfe eines Reibeisens zu feinen Streuseln gerieben.

BISKUITTEIG

TEIG

6 Eier

180 g Zucker

6 EL Mineralwasser
(alternativ Leitungswasser)

180 g Weizenmehl 700/550 (D)

ZUBEREITUNG

Die Eier mit Zucker schaumig rühren (ca. 10 Minuten), sodass eine helle, cremige Masse entsteht. Anschließend Mineralwasser oder alternativ Leitungswasser dazugeben. Jetzt das Mehl vorsichtig Esslöffel für Esslöffel unterheben. Die Masse weiterverarbeiten und laut Rezept im vorgeheizten Backofen backen.

TIPP

Wer den Biskuitteig noch luftiger mag, kann die Eier trennen und aus dem Eiweiß einen Eischnee zubereiten. Die Eigelbe werden dann mit Zucker und Wasser aufgeschlagen und anschließend wird das Mehl untergemischt.
Zum Schluss den steif geschlagenen Eischnee vorsichtig unter die Eigelb-Masse heben.

Baumkuchen | Seite 59

Butterkuchen | Seite 90

Bienenstich | Seite 93

Mohn-Marzipan-Schnecken mit Streuseln | Seite 60

GERM-/HEFETEIG

ZUTATEN

TEIG

260 g lauwarme Milch
1 Ei
620 g Weizenmehl 700/550 (D)
42 g frische Germ/Hefe
7 g Salz
70 g Zucker
70 g zimmerwarme Butter

ZUBEREITUNG

Für den Germ-/Hefeteig die lauwarme Milch mit dem Ei verrühren. Anschließend das Mehl dazugeben und die Germ/Hefe direkt darauf bröseln. Salz, Zucker und die zimmerwarme Butter hinzufügen. Alles zu einem feinen, glatten Teig verkneten. Den Teig ca. 30 Minuten bei Zimmertemperatur zugedeckt rasten lassen.

Den Germ-/Hefeteig nach Belieben weiterverarbeiten.

Brandteig-Waffeln | Seite 56

Brandteig-Herzen | Seite 67

Eclairs | Seite 68

Churros | Seite 71

BRANDTEIG

TEIG

200 g Wasser	
70 g Butter	
5 g Salz	
140 g Weizenmehl 700/550 (D)	
4 Eier	

ZUBEREITUNG

Wasser, Butter und Salz in einem Topf aufkochen. Das Mehl dazugeben und so lange mit dem Kochlöffel rühren, bis sich der Teig von Topf und Kochlöffel löst. Achtung: Anfangs können sich Klümpchen bilden – einfach so lange weiterrühren, bis der Teig geschmeidig wird. Durch das Abbrennen bildet sich am Boden des Kochtopfes eine weiße Schicht.

Nun den Teig in eine Rührschüssel geben, auskühlen lassen und die Eier nach und nach mit einem Mixer einrühren, bis der Teig schön glänzt. Den Teig in einen Spritzbeutel füllen und nach Belieben weiterverarbeiten.

1. Butter in Scheiben schneiden, auf Backpapier legen, ...

2. ... zu einem Päckchen verpacken, ...

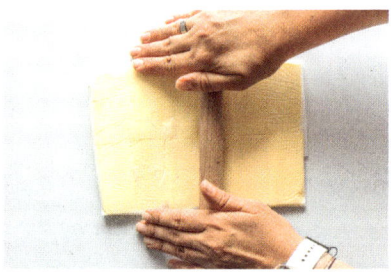

3. ... ausrollen und kalt stellen.

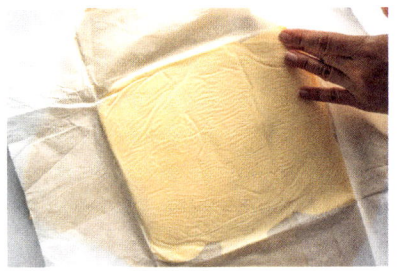

4. Den Teig aus dem Kühlschrank nehmen, weiter ausrollen und ...

5. ... die gekühlte Butterplatte mittig auf den Teig legen.

6. Die Ecken zur Mitte hin ...

7. ... gleichmäßig einschlagen und ...

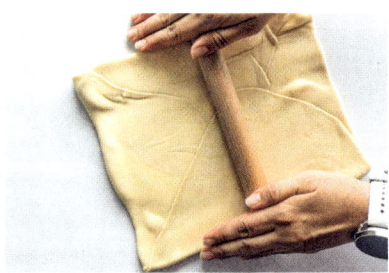

8. ... den Teig wieder vorsichtig ausrollen.

9. Ein Drittel des Teiges nach innen falten.

10. Die zweite Seite darüber falten und etwas ausrollen.

11. Die zwei Außenseiten zur Mitte falten.

BLÄTTERTEIG

ZUTATEN

TEIG

200 g kalte Butter	
200 g Weizenmehl 700/550 (D)	
1 Eigelb	
etwas Zitronensaft	
etwas Salz	
80 g kaltes Wasser	

ZUBEREITUNG

Die Butter in ca. 0,5 cm breite Stücke schneiden und auf Backpapier zu einem Rechteck auflegen. Nun eine zweite Schicht Backpapier darüberlegen, die Butter dazwischen mit einem Rundholz etwas ausrollen und ca. 1 Stunde kalt stellen.

Währenddessen aus Mehl, Eigelb, Zitronensaft, Salz und Wasser einen Teig kneten. Den Teig ca. 30 Minuten im Kühlschrank zugedeckt rasten lassen.

Nach der Rastzeit den Teig rechteckig auf 60 × 60 cm ausrollen und die gekühlte Butterplatte diagonal darauflegen. Den Teig wie ein Briefkuvert darüberschlagen, sodass die Butterplatte vollständig bedeckt ist, dann alles mit wenig Druck möglichst groß ausrollen. Der Teig sollte nach Möglichkeit seine viereckige Form behalten.

Den Teig nun dreimal nacheinander zusammenfalten. Dazu ein Drittel des Teiges nach innen falten, die zweite Seite darüber falten und etwas ausrollen. Die zwei Außenseiten zur Mitte falten. Im gefalteten Zustand wieder ausrollen, anschließend ca. 30 Minuten im Kühlschrank rasten lassen. Dann den gleichen Prozess aus dreimaligem Falten, Ausrollen und Rasten noch zweimal wiederholen.
Den fertigen Blätterteig vor der Weiterverarbeitung laut gewünschtem Rezept mindestens 1 Stunde oder besser über Nacht im Kühlschrank rasten lassen.

TIPP

Der Vorgang des Faltens und Ausrollens nennt sich Tourieren. Durch die einzelnen „Touren" entstehen die charakteristischen Schichten des Blätterteigs.

KLEIN UND FEIN:
GEBÄCK, TÖRTCHEN, MUFFINS
UND CUPCAKES

• • •

Fürs süße Frühstück, zum Kaffee am Nach-
mittag, zum Mitbringen aufs Familienfest oder
einfach als Snack für zwischendurch: Plunder-
gebäck und Co. lassen sich meist schnell und
unkompliziert zubereiten – und sind immer
willkommen. In diesem Kapitel findest du
Rezepte für Schnecken, Waffeln, Törtchen,
Muffins, Cupcakes und viele weitere Kleinig-
keiten zum Naschen, die dir immer dann
gelegen kommen, wenn es eben mal keine
Torte, kein Kuchen, kein Backwerk für eine
größere Runde sein muss.

BRANDTEIG-WAFFELN

🥄 30 MINUTEN
(OHNE BACKZEIT)

🕐 90 MINUTEN

ZUTATEN
für ca. 30 Stück

TEIG
200 g Wasser

70 g Butter

5 g Salz

140 g Weizenmehl 700/550 (D)

4 Eier

Waffeleisen

ZUM EINFETTEN
etwas Butter (alternativ Backtrennspray)

ZUM VERZIEREN
50 g Schokolade

ZUBEREITUNG

Aus den angegebenen Zutaten einen Brandteig zubereiten (siehe Seite 51).

Das Waffeleisen vorheizen und mit etwas geschmolzener Butter einfetten. Alternativ kann Backtrennspray verwendet werden. Den Teig in einen Spritzbeutel füllen und 1 Strang mittig auf das Waffeleisen spritzen, dann das Waffeleisen schließen und den Teig 3–5 Minuten goldbraun backen. Wenn sich die Waffeln gut vom Waffeleisen lösen lassen, sind sie fertig. Den Vorgang wiederholen, bis der Teig aufgebraucht ist.

Zum Verzieren die Schokolade über einem Wasserbad schmelzen. Für das Aufspritzen dünner Schokoladenstreifen am besten einen Frischhaltebeutel oder einen Einwegspritzbeutel verwenden und davon ein winziges Eck als Spritzöffnung wegschneiden.

TIPP
Wenn 3 Stränge gleichzeitig im Waffeleisen gebacken werden, braucht es nur ca. 30 Minuten, bis alle 30 Stück Brandteig-Waffeln fertig sind.

BAUMKUCHEN

🥄 20 MINUTEN (OHNE
   RAST- UND BACKZEIT)

🕐 20 MINUTEN

🌡️ 170 °C HEISSLUFT

ZUTATEN
für 15 Stück

TEIG
250 g lauwarme Milch
1 Ei
620 g Weizenmehl 700/550 (D)
42 g frische Germ/Hefe
7 g Salz
70 g Zucker
100 g zimmerwarme Butter

ZUM EINFETTEN
50 g weiche Butter

ZUM BESTREUEN
100 g Butter
200 g Zimt-Zucker-Mischung

ZUBEREITUNG

Aus den angegebenen Zutaten einen Germ-/Hefeteig zubereiten (Anleitung siehe Seite 49) und den Teig ca. 30–60 Minuten bei Zimmertemperatur zugedeckt rasten lassen.

Nach der Rastzeit den Teig rechteckig ca. 5 mm dick ausrollen und in ca. 2 cm breite Streifen schneiden.

Ein Rundholz mit Alufolie umwickeln und bis auf die Griffe gut einfetten. Die Teigstreifen eng überlappend nacheinander um das Rundholz wickeln und es dabei mit einer Hand vorsichtig drehen. Die Teigenden immer gut festdrücken. Das Rundholz mit den Griffen auf die Ränder einer Auflaufform legen und den Teig ca. 20 Minuten rasten lassen.

Nach der Rastzeit die Auflaufform mit dem aufliegenden Rundholz in den vorgeheizten Backofen stellen und den Baumkuchen bei 170 °C Heißluft ca. 20 Minuten backen.

Die Butter schmelzen, den noch warmen Baumkuchen nach dem Backen damit bestreichen und mit einer Zimt-Zucker-Mischung bestreuen.

TIPP
Alternativ können statt den Rundhölzern auch große Schaumrollenformen verwendet werden.

MOHN-MARZIPAN-SCHNECKEN MIT STREUSELN

🥄 30 MINUTEN (OHNE BACK- UND RASTZEIT)

🕐 20 MINUTEN

🌡️ 170 °C HEISSLUFT

ZUTATEN
für ca. 20 Stück

TEIG

250 g lauwarme Milch

1 Ei

620 g Weizenmehl 700/550 (D)

42 g frische Germ/Hefe

7 g Salz

70 g Zucker

100 g zimmerwarme Butter

FÜLLE

150 g Marzipan

180 g gemahlener Mohn

2 Eier

70 g Zucker

80 g Zwetschgenmarmelade

½ TL Zimt

STREUSEL

60 g Butter

60 g Weizenmehl 700/550 (D)

60 g Zucker

ZUM BESTREICHEN

1 Ei

ZUBEREITUNG

Aus den angegebenen Zutaten einen Germ-/Hefeteig zubereiten (Anleitung siehe Seite 49). Den Teig ca. 30 Minuten bei Zimmertemperatur zugedeckt rasten lassen.

Für die Fülle das Marzipan reiben und mit den restlichen Zutaten mit dem Mixer gut vermischen.

Nach der Rastzeit den Germ-/Hefeteig rechteckig auf 60 × 60 cm ausrollen, die Fülle gleichmäßig darauf verstreichen und den Teig danach einrollen.
Mit einem Teigabstecher, einem Messer oder einem Stück Zahnseide ca. 1,5–2 cm breite Stücke von der Rolle abstechen und auf ein mit Backpapier belegtes Backblech legen.

Für die Streusel alle Zutaten mit dem Mixer gut vermischen, bis eine bröselige Masse entsteht.

Die Schnecken mit verquirltem Ei bestreichen und mit den Streuseln bestreuen. Im vorgeheizten Backofen bei 170 °C Heißluft ca. 20 Minuten backen.

HEIDELBEERTÖRTCHEN

🥄 30 MINUTEN
(OHNE BACKZEIT)

🕐 12 MINUTEN

🌡️ 200 °C HEISSLUFT

ZUTATEN
für ca. 5 Stück

TEIG

6 große Eier
180 g Zucker
4 EL Mineralwasser (alternativ Leitungswasser)
160 g Weizenmehl 700/550 (D)
20 g Backkakaopulver

Dessertring (alternativ: Kaffeetasse mit 8 cm Durchmesser)

CREME

300 g Frischkäse
150 g Staubzucker
150 g zimmerwarme Butter
30 g Heidelbeerpüree (siehe Seite 26)

ZUM VERZIEREN

Schokoladen-Ornamente (siehe Seite 23)
Heidelbeeren
Zahnstocher

ZUBEREITUNG

Aus den angegebenen Zutaten einen Biskuitteig zubereiten (Anleitung siehe Seite 47), das Backkakaopulver wird dabei mit dem Mehl vermischt. Die Masse auf ein mit Backpapier belegtes Backblech streichen und im vorgeheizten Backofen bei 200 °C Heißluft ca. 12 Minuten backen, danach auskühlen lassen. Aus dem ausgekühlten Kuchenboden mit einem Dessertring 15 Kreise ausstechen. Alternativ kann eine Kaffeetasse verwendet werden.

Für die Creme Frischkäse und Staubzucker auf mittlerer Stufe cremig aufschlagen, danach die zimmerwarme Butter dazugeben und die Masse noch mal kurz aufschlagen. Am Schluss das Heidelbeerpüree unterheben.

Die Creme in einen Spritzbeutel füllen und auf 5 gebackene Biskuitkreise aufspritzen. Jeweils einen Biskuitkreis daraufsetzen und den Vorgang wiederholen, sodass jedes Törtchen aus 3 Biskuitkreisen zusammengesetzt ist.

Mit der restlichen Creme und Schokoladen-Ornamenten verzieren, einige Heidelbeeren auf Zahnstocher stecken und diese in die Törtchen stecken.

TIPP

Die Creme sollte nicht zu lange aufgeschlagen werden, da sie sonst zu flüssig wird. Aus den Kuchenresten kannst du beispielsweise Kuchenpralinen machen (siehe Seite 206).

CREMETÖRTCHEN

🥄 40 MINUTEN
(OHNE BACKZEIT)

🕐 20 MINUTEN

🌡️ 170 °C HEISSLUFT

ZUTATEN
für ca. 10 Stück

TEIG

2 Eier

90 g Zucker

80 g Öl

200 g Weizenmehl 700/550 (D)

4 g Backpulver

25 g gehackte Walnüsse

100 g Sauerrahm/saure Sahne

80 g Heidelbeeren

ZUM EINFETTEN

etwas Butter
(alternativ Backtrennspray)

10 Dessertringe
(Durchmesser 8 cm)

TOPPING

200 g Frischkäse

100 g Staubzucker

100 g sehr weiche Butter

ZUM VERZIEREN

Himbeeren

frische Blüten

ZUBEREITUNG

Aus den angegebenen Zutaten einen Rührteig (siehe Seite 41) zubereiten. Dafür die Eier mit Zucker schaumig rühren, dann Öl einfließen lassen und nochmals gut verrühren. Als Nächstes Mehl, Backpulver, gehackte Walnüsse und Sauerrahm dazugeben und unterrühren. Zum Schluss die Heidelbeeren vorsichtig unterheben.

Die eingefetteten Dessertringe auf ein mit Backpapier belegtes Backblech stellen und den Teig so auf die Dessertringe aufteilen, dass sie etwa zur Hälfte gefüllt sind. Im vorgeheizten Backofen bei 170 °C Heißluft ca. 20 Minuten backen, danach auskühlen lassen.

Für das Topping alle Zutaten mit dem Mixer gut verrühren. Achtung: Die Butter muss sehr weich sein, da sich sonst Klümpchen bilden. Nun das Topping in einen Spritzbeutel füllen und für ca. 1 Stunde im Kühlschrank durchkühlen lassen, damit es sich gut aufspritzen lässt. Die ausgekühlten Törtchen mit dem Topping sowie mit Himbeeren und Blüten verzieren.

65

BRANDTEIG-HERZEN

🥄 40 MINUTEN
   (OHNE BACKZEIT)

🕐 25 MINUTEN

🌡️ 190 °C HEISSLUFT

ZUTATEN
für ca. 15 Stück

TEIG
200 g Wasser
70 g Butter
5 g Salz
140 g Weizenmehl 700/550 (D)
4 Eier

FÜLLE
330 g Schlagsahne
1 ½ Pkg. Sahnesteif
100 g Himbeerpüree
(siehe Seite 26)

ZUM VERZIEREN
100 g Himbeerkuvertüre
20 g Kokosfett
Kokosflocken

ZUBEREITUNG

Aus den angegebenen Zutaten einen Brandteig zubereiten (Anleitung siehe Seite 51). Den Teig in einen Spritzbeutel füllen und Herzen auf ein mit Backpapier belegtes Backblech dressieren. Im vorgeheizten Backofen bei 190 °C Heißluft ca. 25 Minuten backen. Die Herzen auskühlen lassen und waagrecht durchschneiden.

Für die Fülle Schlagsahne mit Sahnesteif (laut Packungsanweisung) aufschlagen und das Himbeerpüree einrühren. Die Creme in einen Spritzbeutel füllen und gleichmäßig auf die Böden der Herzen auftragen. Anschließend die obere Hälfte der Herzen daraufsetzen.

Die Himbeerkuvertüre mit Kokosfett in einem Wasserbad schmelzen und die Herzen damit bestreichen. Zum Schluss mit Kokosflocken verzieren.

ECLAIRS

🥄 5Ø MINUTEN
(OHNE BACKZEIT)
🕐 25 MINUTEN
🌡️ 19Ø °C HEISSLUFT

ZUTATEN
für ca. 10 Stück

TEIG
200 g Wasser

70 g Butter

5 g Salz

140 g Weizenmehl 700/550 (D)

4 Eier

ZUM BESTREICHEN
100 g dunkle Schokolade

20 g Kokosfett

FÜLLE
200 g Schlagsahne

1 Pkg. Sahnesteif

60 g Nougatcreme
(siehe Seite 15)

150 g Himbeeren

ZUBEREITUNG

Aus den angegebenen Zutaten einen Brandteig zubereiten (Anleitung siehe Seite 51). Den Teig in einen Spritzbeutel füllen und ca. 10 cm lange Stangen auf ein mit Backpapier belegtes Backblech dressieren. Im vorgeheizten Backofen bei 190 °C Heißluft ca. 25 Minuten backen.

Die Stangen auskühlen lassen und waagrecht durchschneiden. Die Schokolade mit Kokosfett über einem Wasserbad schmelzen und die Deckel der halbierten Stangen auf der Oberseite damit bestreichen.

Für die Fülle Schlagsahne mit Sahnesteif (laut Packungsanweisung) aufschlagen und die Nougatcreme einrühren. Die Creme in einen Spritzbeutel füllen und auf die Böden der halbierten Brandteig-Stangen auftragen. Zum Schluss die Himbeeren auf die Masse setzen und mit dem Deckel abschließen.

CHURROS

 30 MINUTEN

160 °C

ZUTATEN
für ca. 50 Stück

TEIG
200 g Wasser

70 g Butter

5 g Salz

140 g Weizenmehl 700/550 (D)

4 Eier

ZUM AUSBACKEN
750 ml Rapsöl

Backthermometer

ZUM WÄLZEN
Zimt-Zucker-Mischung

ZUBEREITUNG

Aus den angegebenen Zutaten einen Brandteig zubereiten (Anleitung siehe Seite 51).

Das Öl in eine große Pfanne füllen und auf dem Herd auf 160 °C erhitzen. (Die Temperatur kann mit einem Backthermometer gemessen werden.)

Den Teig in einen Spritzbeutel füllen, ca. 10 cm lange Stangen in das heiße Fett spritzen und auf beiden Seiten goldbraun backen. Danach die Stangen mit einer Zange aus der Pfanne nehmen, kurz auf Küchenpapier abtropfen lassen und noch warm in der Zimt-Zucker-Mischung wälzen.

ERDBEER-CUPCAKES

🥄 30 MINUTEN (OHNE BACK- UND KÜHLZEIT)

🕐 20 MINUTEN

🌡️ 170 °C HEISSLUFT

ZUTATEN
für ca. 8 Stück

TEIG
100 g Schokolade

90 g zimmerwarme Butter

75 g Zucker

2 Eier

90 g Naturjoghurt

220 g Weizenmehl 700/550 (D)

4 g Backpulver

Muffinförmchen aus Papier und/oder Muffinblech

ZUM EINFETTEN
optional etwas Butter (alternativ Backtrennspray)

CREME
250 g Schlagsahne

1 Pkg. Sahnesteif

250 g Topfen/Quark

40 g Zucker

3 mittelgroße Erdbeeren (alternativ 5 g gefriergetrocknete Erdbeeren)

ZUM VERZIEREN
frische oder in Schokolade getauchte Erdbeeren nach Belieben

ZUBEREITUNG

Die Schokolade über einem Wasserbad oder bei 50 °C im Backofen schmelzen. Die zimmerwarme Butter mit Zucker verrühren und die Eier nacheinander dazugeben, bis eine schaumige Masse entsteht. Naturjoghurt, Mehl, Backpulver und flüssige Schokolade dazugeben und alles nochmals gut verrühren.

Den Teig in Muffinförmchen aus Papier und/oder das eingefettete Muffinblech füllen und im vorgeheizten Backofen bei 170 °C Heißluft ca. 20 Minuten backen, danach auskühlen lassen.

Für die Creme Schlagsahne mit Sahnesteif (laut Packungsanweisung) aufschlagen, dann Topfen und Zucker unterrühren. Die Erdbeeren sehr fein schneiden oder pürieren, alternativ gefriergetrocknete Erdbeeren zu Pulver zerstoßen. Die geschnittenen/pürierten bzw. zerstoßenen Erdbeeren unter die restliche Masse heben.

Die Creme in einen Spritzbeutel füllen und auf die ausgekühlten Muffins spritzen. Am Schluss jeden Cupcake mit einer frischen oder mit Schokolade überzogenen Erdbeere verzieren.

BEERENTÖRTCHEN

🥄 40 MINUTEN
(OHNE BACKZEIT)

🕐 12 MINUTEN

🌡️ 180 °C HEISSLUFT

ZUTATEN
für ca. 10 Stück

TEIG
4 große Eier

120 g Zucker

4 EL Mineralwasser
(alternativ Leitungswasser)

100 g Weizenmehl 700/550 (D)

10 g Backkakaopulver

MOUSSE
400 g gemischte, frische oder
gefrorene Beeren

400 g Schlagsahne

120 g Zucker

6 Blatt Gelatine

10 Dessertringe
(Durchmesser 8 cm)

ZUM VERZIEREN
frische Beeren

Schokoladenherzen

ZUBEREITUNG

Aus den angegebenen Zutaten einen Biskuitteig zubereiten (Anleitung siehe Seite 47), das Backkakaopulver wird dabei mit dem Mehl vermischt. Den Teig auf ein mit Backpapier belegtes Backblech streichen und im vorgeheizten Backofen bei 180 °C Heißluft ca. 12 Minuten backen. Danach auskühlen lassen.

Für die Mousse die Beeren pürieren. (Gefrorene Beeren zuerst auftauen lassen.) Die Schlagsahne aufschlagen, dann die pürierten Beeren und Zucker unterheben. Die Gelatine zubereiten (siehe Seite 18 oder laut Packungsanweisung) und vorsichtig unter die Masse mischen.

Aus dem ausgekühlten Biskuit mit einem Dessertring ca. 10 Kreise ausstechen und jeden Kreis in einen Dessertring legen. Die Mousse darauf verteilen, anschließend die Törtchen einige Stunden kalt stellen.

Nach der Kühlzeit aus den Förmchen lösen und mit frischen Beeren und Schokoladenherzen verzieren.

TIPP

Wenn du die Dessertringe mit Tortenrandfolie auskleidest, lassen sie sich nach dem Kühlen leicht von den Törtchen lösen.

SCHOKO-MUFFINS

🥄 25 MINUTEN
   (OHNE BACKZEIT)
🕐 20 MINUTEN
🌡 175 °C HEISSLUFT

ZUTATEN
für ca. 12 Stück

TEIG
160 g dunkle Schokolade

120 g Butter

2 Eier

100 g Zucker

160 g Naturjoghurt

60 g gehackte Schokolade

250 g Weizenmehl 700/550 (D)

16 g Backpulver

5 EL Milch

Muffinförmchen aus Papier
und/oder Muffinblech

ZUM EINFETTEN
etwas Butter (alternativ Backtrennspray)

ZUBEREITUNG
Die Schokolade über einem Wasserbad schmelzen und etwas
auskühlen lassen.

In einem weiteren Topf die Butter schmelzen, Eier und Zucker
hinzufügen und gut verrühren. Dann das Naturjoghurt,
30 g von der gehackten Schokolade, Mehl, die flüssige Schokolade, Backpulver und Milch dazugeben und alles nochmals
gut miteinander verrühren.

Den Teig in Muffinförmchen aus Papier und/oder das eingefettete Muffinblech füllen und mit den restlichen Schokoladen-
stückchen bestreuen. Im vorgeheizten Backofen bei 175 °C Heißluft ca. 20 Minuten backen.

HEIDELBEER-MUFFINS MIT STREUSELN

🥄 30 MINUTEN
(OHNE BACKZEIT)

🕐 20 MINUTEN

🌡️ 170 °C HEISSLUFT

ZUTATEN
für ca. 10 Stück

STREUSEL
70 g gehackte Walnüsse

40 g kalte Butter

40 g Weizenmehl 700/550 (D)

40 g Zucker

TEIG
2 Eier

90 g Zucker

80 g Öl

200 g Weizenmehl 700/550 (D)

4 g Backpulver

25 g gehackte Walnüsse

100 g Sauerrahm/saure Sahne

100 g Heidelbeeren

Muffinförmchen aus Papier
und/oder Muffinblech

ZUM EINFETTEN
etwas Butter (alternativ Backtrennspray)

ZUBEREITUNG

Für die Streusel alle Zutaten miteinander vermischen, bis eine bröselige Masse entsteht.

Aus den angegebenen Zutaten einen Rührteig (siehe Seite 41) zubereiten. Dafür die Eier mit Zucker schaumig rühren, dann das Öl dazugeben und nochmals gut verrühren. Mehl, Backpulver, gehackte Walnüsse und Sauerrahm dazugeben und alles gut vermischen. Zum Schluss die Heidelbeeren vorsichtig unterheben.

Den Teig in Muffinförmchen aus Papier und/oder ein eingefettetes Muffinblech füllen und die Streusel darauf verteilen. Im vorgeheizten Backofen bei 170 °C Heißluft ca. 20 Minuten backen.

TOPFEN-KIRSCH-TASCHEN

🥄 40 MINUTEN (OHNE RAST- UND BACKZEIT)

🕐 20 MINUTEN

🌡️ 180 °C HEISSLUFT

ZUTATEN
für 18 Stück

TEIG

260 g lauwarme Milch	
1 Ei	
620 g Weizenmehl 700/550 (D)	
42 g frische Germ/Hefe	
7 g Salz	
70 g Zucker	
70 g zimmerwarme Butter	

BUTTERZIEGEL

200 g kalte Butter	
50 g Weizenmehl 700/550 (D)	

FÜLLE

2 Eier	
40 g Zucker	
8 g Vanillezucker	
500 g Topfen/Quark	
54 Kirschen (3 pro Tasche)	

ZUBEREITUNG

Aus den angegebenen Zutaten für Teig und Butterziegel einen Plunderteig zubereiten (Anleitung siehe Seite 43).

Für die Fülle die Eier verquirlen und von der Mischung ca. 2 EL zur Seite stellen (zum Bestreichen der Taschen). Danach mit Zucker, Vanillezucker und Topfen gut verrühren.

Den Plunderteig in 3 Teile teilen und jeden Teil rechteckig auf die Größe von ca. 30 x 20 cm ausrollen. Danach in sechs Quadrate mit ca. 9 cm Kantenlänge aufteilen.

Für die weitere Verarbeitung siehe Schritt-für-Schritt-Anleitung auf Seite 81.

Zum Schluss Teigränder mit verquirlten Eiern bestreichen, je 3 Kirschen auf die Fülle setzen und im vorgeheizten Backofen bei 180 °C Heißluft ca. 20 Minuten backen.

TIPP

Das Schneiden der Quadrate funktioniert mit einem Pizzaroller besonders gut.

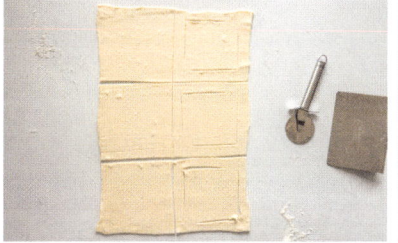

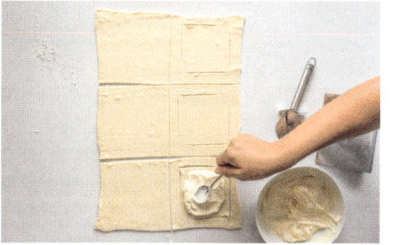

1. Den Teig in gleich große Quadrate schneiden.

2. Zwei gegenüberliegende Ecken jedes Quadrats einschneiden, ohne die Mitte durchzutrennen.

3. Ränder mit verquirllen Eiern bestreichen und Füllung in die Mitte setzen.

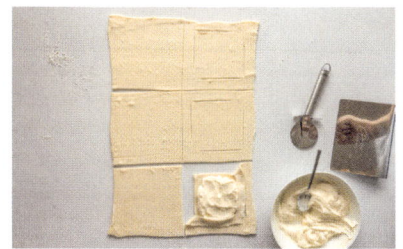

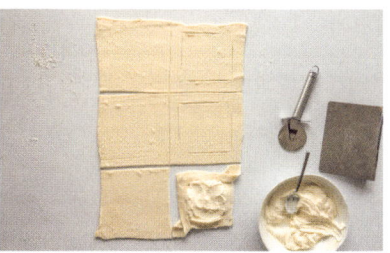

4. Eine Ecke zur gegenüberliegenden Seite schlagen.

5. Die andere Ecke zur gegenüberliegenden Seite schlagen und …

6. … mit allen Teigstücken wiederholen.

SCHOKOCROISSANTS

🥄 45 MINUTEN (OHNE
   RAST- UND BACKZEIT)
🕐 20 MINUTEN
🌡️ 170 °C HEISSLUFT

ZUTATEN
für ca. 18 Stück

TEIG
260 g lauwarme Milch

1 Ei

620 g Weizenmehl 700/550 (D)

42 g frische Germ/Hefe

7 g Salz

70 g Zucker

70 g zimmerwarme Butter

BUTTERZIEGEL
200 g Butter

50 g Weizenmehl 700/550 (D)

FÜLLE
Schokoladenrippen oder
Nougatcreme (siehe Seite 15)

ZUM BESTREICHEN
1 Ei

ZUBEREITUNG

Aus den angegebenen Teigzutaten und dem Butterziegel einen Plunderteig zubereiten (Anleitung siehe Seite 43).

Den Teig rechteckig auf 60 × 60 cm ausrollen und in 18 Dreiecke aufteilen (3 Reihen zu je 6 Dreiecken). Die Dreiecke auf der langen Seite mit je einer Schokoladenrippe belegen oder mit der Nougatcreme bestreichen und dann zur Spitze hin aufrollen. Beide Enden leicht nach innen biegen.

Die Croissants mit verquirltem Ei bestreichen und auf einem mit Backpapier belegten Backblech im vorgeheizten Backofen bei 170 °C Heißluft ca. 20 Minuten backen.

MINI-GUGELHUPFE

🥄 20 MINUTEN
(OHNE BACKZEIT)
🕐 25 MINUTEN
🌡️ 180 °C HEISSLUFT

ZUTATEN
für ca. 12 Stück

FÜR DIE FÖRMCHEN
etwas Butter (alternativ Backtrennspray)

Semmelbrösel

Gugelhupfförmchen

TEIG
2 Eier

125 g Zucker

100 g zimmerwarme Butter

125 g Milch

200 g Weizenmehl 700/550 (D)

8 g Backpulver

ZUM VERZIEREN
geschmolzene Schokolade

gehackte Nüsse

ZUBEREITUNG

Je ein kleines Stück Butter in kleine Gugelhupfförmchen geben und bei 60 °C Heißluft im Backofen schmelzen lassen. Danach mithilfe eines Pinsels die Butter gleichmäßig in den Förmchen verteilen und mit Semmelbröseln bestreuen. Alternativ kann Backtrennspray verwendet werden.

Den Backofen auf 180 °C Heißluft vorheizen.

Aus den angegebenen Zutaten einen Rührteig (siehe Seite 41) zubereiten. Dafür die Eier mit Zucker und zimmerwarme Butter schaumig rühren, dann die restlichen Zutaten nach und nach dazugeben und einrühren. Den Teig auf die Förmchen aufteilen und im vorgeheizten Backofen bei 180 °C Heißluft ca. 25 Minuten backen, danach 10 Minuten auskühlen lassen und stürzen.

Die ausgekühlten Mini-Gugelhupfe vor dem Servieren nach Belieben mit geschmolzener Schokolade und gehackten Nüssen verzieren.

SCHOKO-TÖRTCHEN

🥄 **40 MINUTEN (OHNE BACKZEIT)**

🕐 **12 MINUTEN**

🌡️ **200 °C HEISSLUFT**

ZUTATEN
für ca. 10 Stück

TEIG
4 Eier

120 g Zucker

4 EL Mineralwasser (alternativ Leitungswasser)

100 g Weizenmehl 700/550 (D)

20 g Backkakaopulver

10 Dessertringe (Durchmesser 8 cm)

CREME
300 g Schlagsahne

1 Pkg. Sahnesteif

300 g Mascarpone

30 g Zucker

200 g Nougatcreme (siehe Seite 15)

ZUM VERZIEREN
Schokoladenglasur (siehe Seite 24)

Schokoladeraspeln

Minzblätter

ZUBEREITUNG

Aus den angegebenen Zutaten einen Biskuitteig zubereiten (Anleitung siehe Seite 47). Die Masse auf ein mit Backpapier belegtes Backblech streichen und im vorgeheizten Backofen bei 200 °C Heißluft ca. 12 Minuten backen. Den Teig auskühlen lassen, dann mithilfe der Dessertringe 10 Kreise ausstechen.

Für die Creme Schlagsahne mit Sahnesteif (laut Packungsanleitung) aufschlagen. Mascarpone, Zucker und streichfähige Nougatcreme vermischen und die aufgeschlagene Schlagsahne vorsichtig unterheben.

Jeden Biskuitkreis in einen Dessertring legen und die Creme darauf verteilen. Mit Schokoladenglasur abschließen, anschließend die Törtchen einige Stunden kalt stellen.

Vor dem Servieren nach Belieben mit Schokoladenraspeln und Minzblättern verzieren.

TIPP

Wenn du die Dessertringe mit Tortenrandfolie auskleidest, lassen sie sich nach dem Kühlen leicht von den Törtchen lösen.

GERÜHRT, VERZIERT, FRUCHTIG UND ALLES DAZWISCHEN: KUCHEN UND SCHNITTEN

...

Wer süß sagt, muss auch Kuchen sagen – und da dürfen die großen Klassiker der süßen Küche auf keinen Fall fehlen. Rühr- und Blechkuchen, Gugelhupf in all seinen schokoladigen, Zebra-gestreiften oder klassischen Ausführungen, Streuselkuchen mit Obst, luftig-leichte Biskuitroulade oder doch winterliche Spekulatius-Punsch-Schnitten: Worauf hast du gerade Lust? Hier habe ich meine allerliebsten und vielfach erprobten Rezepte zusammengestellt.

BUTTERKUCHEN

🥄 20 MINUTEN (OHNE
   RAST- UND BACKZEIT)
🕐 30 MINUTEN
🌡 170 °C HEISSLUFT

ZUTATEN
für 1 Backblech (28 x 36 cm)

TEIG
250 g lauwarme Milch

1 Ei

625 g Weizenmehl 700/550 (D)
oder Dinkelmehl 700/630 (D)

42 g frische Germ/Hefe

7 g Salz

100 g Zucker

100 g zimmerwarme Butter

BELAG
120 g Butter

120 g Zucker

100 g Mandelstifte

150 g Schlagsahne

ZUBEREITUNG

Aus den angegebenen Zutaten einen Germ-/Hefeteig zubereiten (Anleitung siehe Seite 49) und diesen ca. 1 Stunde zugedeckt rasten lassen.

Für den Belag die Butter in einem Topf schmelzen lassen, dann Zucker und Mandelstifte hinzugeben.

Nach der Rastzeit den Germ-/Hefeteig ausrollen und danach auf ein mit Backpapier belegtes Backblech legen. Nochmals ca. 15 Minuten zugedeckt rasten lassen. Anschließend mit dem Daumen einige Mulden in den Teig drücken, damit der Butter-Mandel-Belag etwas einziehen kann.

Den warmen Belag auf dem ausgerollten Teig verteilen und den Kuchen im vorgeheizten Backofen bei 170 °C Heißluft ca. 30 Minuten backen.

Im noch heißen Zustand nach dem Backen die flüssige Schlagsahne über den Kuchen gießen und alles vollständig auskühlen lassen.

BIENENSTICH

🥄 60 MINUTEN (OHNE RAST- UND BACKZEIT)

🕐 25 MINUTEN

🌡️ 180 °C HEISSLUFT

ZUTATEN
für 1 Backblech (28 × 36 cm)
oder Backrahmen (30 × 25 cm)

TEIG

250 g lauwarme Milch	
1 Ei	
650 g Weizenmehl 700/550 (D)	
42 g Germ/Hefe	
7 g Salz	
100 g Zucker	
100 g zimmerwarme Butter	

BELAG

200 g Butter	
200 g Zucker	
2 EL Milch	
250 g gehobelte Mandeln	

FÜLLE

500 g Milch	
1 Pkg. Vanillepuddingpulver	
50 g Zucker	
250 g Schlagsahne	

ZUBEREITUNG

Aus den angegebenen Zutaten einen Germ-/Hefeteig zubereiten (Anleitung siehe Seite 49) und diesen ca. 30 Minuten zugedeckt rasten lassen. Danach den Teig direkt auf einem mit Backpapier belegten Backblech auf die Größe des Blechs ausrollen. Alternativ auf die Größe des Backrahmens ausrollen und diesen um den Teig stellen.

Für den Belag die Butter mit Zucker und Milch aufkochen, danach die gehobelten Mandeln einrühren und kurz mitkochen. Die noch warme Masse gleichmäßig auf dem Teig verteilen und ca. 10 Minuten rasten lassen. Anschließend den Kuchen im vorgeheizten Backofen bei 180 °C Heißluft ca. 25 Minuten backen, danach auskühlen lassen.

Für die Fülle zwei Drittel der Milch aufkochen, die restliche Milch mit Vanillepuddingpulver und Zucker verrühren und zur kochenden Milch geben. Alles unter konstantem Rühren nochmals kurz aufkochen. Danach den Vanillepudding auskühlen lassen und währenddessen die Schlagsahne aufschlagen. Sobald der Pudding kalt ist, die steif geschlagene Schlagsahne vorsichtig unterheben.

Den ausgekühlten Kuchen halbieren. Jede Hälfte waagrecht durchschneiden und den oberen Teil vorsichtig zur Seite legen. (Achtung: Ohne das Halbieren ist es schwierig, die gesamte obere Hälfte des Teigs hochzuheben.) Die Fülle auf den Unterteilen verstreichen und die Oberteile wieder draufsetzen.

TIPP

Den Pudding kannst du problemlos bereits am Vortag zubereiten. Bevor du die Schlagsahne unterhebst, lohnt es sich, den Pudding nochmals kurz mit dem Mixer durchzurühren, damit keine Klümpchen entstehen.

DAS GENIESSEN BEGINNT,
WENN SICH DIE KÜCHE LANGSAM
MIT DEM ZARTEN DUFT EINES
WARMEN KUCHENS FÜLLT.

JOHANNISBEER-STREUSELKUCHEN

🥄 45 MINUTEN (OHNE RAST- UND BACKZEIT)

🕐 45 MINUTEN

🌡 175 °C HEISSLUFT

ZUTATEN
für 1 Backblech (28 × 36 cm)

TEIG
400 g Weizenmehl 700/550 (D)

16 g Backpulver

200 g kalte Butter, in Stücke geschnitten

180 g Zucker

3 Eier

100 g geriebene, geschälte Mandeln

FÜLLE
500 g Johannisbeeren

100 g Zucker

20 g Vanillepuddingpulver

STREUSEL
120 g geriebene, geschälte Mandeln

60 g Zucker

60 g Weizenmehl 700/550 (D)

60 g kalte Butter, in Stücke geschnitten

ZUBEREITUNG

Aus den angegebenen Zutaten einen Mürbteig zubereiten (Anleitung siehe Seite 45) und diesen ca. 1 Stunde im Kühlschrank zugedeckt rasten lassen. Danach den Teig mithilfe von etwas Mehl direkt auf einem mit Backpapier belegten Backblech auf die Größe des Blechs ca. 5 mm dick ausrollen.

Für die Fülle die Johannisbeeren waschen, mit Zucker und Vanillepuddingpulver vermischen und auf dem Mürbteigboden verteilen.

Für die Streusel alle Zutaten mit dem Mixer gut vermischen, bis eine bröselige Masse entsteht. Die Streusel auf dem mit Johannisbeeren bedeckten Boden verteilen und den Kuchen im vorgeheizten Backofen bei 175 °C Heißluft ca. 45 Minuten backen.

ZITRONENKUCHEN

🥄 10 MINUTEN
(OHNE BACKZEIT)

🕐 45 MINUTEN

🌡 170 °C HEISSLUFT

ZUTATEN
für eine 3-in-1-Form
(alternativ: Kastenform, 24 cm)

TEIG
170 g zimmerwarme Butter	
150 g Zucker	
4 Eier	
300 g Weizenmehl 700/550 (D)	
16 g Backpulver	
10 g Mohn	
Saft von 3–4 Zitronen (ca. 100 g)	
Schale von 1 Zitrone	

ZUM EINFETTEN
etwas Butter (alternativ Backtrennspray)

GLASUR
200 g Staubzucker	
25 g Zitronensaft	

ZUBEREITUNG

Aus den angegebenen Zutaten einen Rührteig (siehe Seite 41) zubereiten. Für den Teig die zimmerwarme Butter und Zucker verrühren, die Eier dazugeben und nochmals kurz weiterrühren. Nun das Mehl, Backpulver, Mohn, Zitronensaft und die geriebene Zitronenschale dazugeben und weiterrühren.

Den Teig in eine eingefettete 3-in-1-Form oder eine Kastenform geben und im vorgeheizten Backofen bei 170 °C Heißluft ca. 45 Minuten backen.

Für die Glasur den Staubzucker mit Zitronensaft gut vermischen, in einen Spritzbeutel füllen und damit den Kuchen verzieren. Mit einem Löffel die Glasur rundherum verstreichen.

SCHOKO-KIRSCH-KUCHEN

🥄 45 MINUTEN
(OHNE BACKZEIT)
🕐 50 MINUTEN
🌡 170 °C HEISSLUFT

ZUTATEN
für 1 Kastenform (24 cm)

FÜLLE
300 g Schlagsahne

200 g dunkle Kuvertüre

TEIG
70 g Schokolade

4 Eier

160 g Zucker

120 g zimmerwarme Butter

70 g geriebene Mandeln

8 g Backpulver

200 g Weizenmehl 700/550 (D)

70 g Naturjoghurt

2 TL Zimt

FÜR DIE FORM
etwas Butter (alternativ
Backtrennspray)

Semmelbrösel

ZUM BESTREICHEN
100 g Kirschenmarmelade

ZUM VERZIEREN
Schokoladenspäne

ZUBEREITUNG

Am Vortag für die Fülle die Schlagsahne erwärmen und die Kuvertüre darin schmelzen. Danach die Mischung über Nacht in den Kühlschrank stellen.

Am Backtag für den Teig die Schokolade über einem Wasserbad schmelzen und etwas auskühlen lassen. Die Eier trennen und die Eiweiße zu einem steifen Schnee schlagen. Die Eigelbe mit Zucker und zimmerwarmer Butter schaumig rühren. Anschließend die geriebenen Mandeln, Backpulver, Mehl, geschmolzene Schokolade, Naturjoghurt und Zimt unterrühren. Am Schluss vorsichtig den Eischnee unterheben.

Die Masse in eine eingefettete Kastenform füllen und im vorgeheizten Backofen bei 170 °C Heißluft ca. 50 Minuten backen. Danach in der Form gut auskühlen lassen.

Für die Fülle die Sahne-Kuvertüre-Masse mit einem Mixer gut aufschlagen.

Den ausgekühlten Kuchen zweimal waagrecht durchschneiden. Ein Drittel der Fülle auf dem Kuchenboden verteilen. Eine Kuchenplatte darauflegen und diese mit Marmelade und anschließend nochmals mit Fülle bestreichen. Die letzte Kuchenplatte auflegen, den Kuchen mit der restlichen Creme einstreichen und mit Schokoladenspänen verzieren.

HERZKUCHEN

🥄 40 MINUTEN
(OHNE BACKZEIT)

🕐 20/45 MINUTEN

🌡️ 170 °C HEISSLUFT

ZUTATEN
für 1 Backrahmen (30 × 20 cm)
und 1 Kastenform (24 cm)

HELLER TEIG

2 Eier	
60 g Öl	
100 g Zucker	
170 g Weizenmehl 700/550 (D)	
5 g Backpulver	
80 g Naturjoghurt	

Ausstecher in Herzform

DUNKLER TEIG

3 Eier	
90 g Öl	
150 g Zucker	
250 g Weizenmehl 700/550 (D)	
7 g Backpulver	
5 g Backkakaopulver	
150 g Naturjoghurt	

FÜR DIE FORM

etwas Butter

15 g Semmelbrösel

ZUBEREITUNG

Aus den angegebenen Zutaten für den hellen Teig einen Rührteig (siehe Seite 41) zubereiten. Dafür die Eier, Öl und Zucker
gut verrühren, dann Mehl, Backpulver und Naturjoghurt unterheben.

Einen Backrahmen (30 × 20 cm) auf ein mit Backpapier belegtes Backblech stellen und den Teig einfüllen. Im vorgeheizten
Backofen bei 170 °C Heißluft ca. 20 Minuten backen und kurz
auskühlen lassen, dann ca. 11 Herzen ausstechen.

Für den dunklen Teig die Eier, Öl und Zucker gut verrühren,
dann Mehl, Backpulver, Backkakaopulver und Naturjoghurt
unterheben. Eine Kastenform einfetten und mit Semmelbröseln bestreuen.

Den dunklen Rührteig ca. 1 cm hoch in die Kastenform einfüllen. Die Herzen aus hellem Teig dicht nacheinander in den
flüssigen Teig stecken. Dabei darauf achten, dass sie den Boden
berühren, damit die Herzen beim Backen nicht nach obenwan-
dern. Abschließend den restlichen dunklen Teig einfüllen –
am besten funktioniert das, wenn der Teig dazu in einen Spritzbeutel gefüllt wird.

Den Kuchen im vorgeheizten
Backofen bei 170 °C Heißluft
ca. 45 Minuten backen.

TIPP

Die Reste des hellen Teigs können zum Beispiel zu
Kuchenpralinen (Seite 206) verarbeitet werden.

SAFTIGER VOLLKORN-GUGELHUPF

🥄 **30 MINUTEN (OHNE BACKZEIT)**

🕐 **45 MINUTEN**

🌡️ **170 °C HEISSLUFT**

ZUTATEN
für 1 Gugelhupfform

FÜR DIE FORM
10 g Butter (alternativ Backtrennspray)

10 g Semmelbrösel

TEIG
4 Eier

150 g Rohrzucker

160 g zimmerwarme Butter

100 g Äpfel

250 g Dinkelvollkornmehl

16 g Backpulver

30 g geriebene Walnüsse oder Haselnüsse

100 g Milch

30 g Schokoladenstreusel

1 TL Zimt

ZUM BESTREUEN
Staubzucker

ZUBEREITUNG
Die Butter in die Gugelhupfform geben und bei 60 °C Heißluft im Ofen schmelzen lassen. Danach mithilfe eines Pinsels die Butter gleichmäßig in der Form verteilen und mit Semmelbröseln bestreuen. Alternativ kann Backtrennspray verwendet werden.

Aus den angegebenen Zutaten einen Rührteig (siehe Seite 41) zubereiten. Dafür die Eier mit Rohrzucker und zimmerwarmer Butter gut verrühren. Die Äpfel vierteln, entkernen und mit Schale in die Rührschüssel grob reiben, dann die restlichen Zutaten unterheben und nochmals alles gut vermischen.

Den Teig in die vorbereitete Gugelhupfform füllen und im vorgeheizten Backofen bei 170 °C Heißluft ca. 45 Minuten backen.

Den Kuchen gut auskühlen lassen, aus der Form stürzen und vor dem Servieren mit Staubzucker bestreuen.

KAFFEE-EIERLIKÖR-GUGELHUPF

🥄 20 MINUTEN
(OHNE BACKZEIT)

🕐 45 MINUTEN

🌡️ 170 °C HEISSLUFT

ZUTATEN
für 1 Gugelhupfform

FÜR DIE FORM
10 g Butter (alternativ Back-trennspray)

10 g Semmelbrösel

TEIG
4 Eier

180 g Zucker

150 g Öl

16 g Backpulver

300 g Weizenmehl 700/550 (D)

180 g Eierlikör

80 g kalter Kaffee

ZUM BESTREUEN
Staubzucker

ZUBEREITUNG

Die Butter in die Gugelhupfform geben und bei 60 °C Heißluft im Ofen schmelzen lassen. Danach mithilfe eines Pinsels die Butter gleichmäßig in der Form verteilen und mit Semmel-bröseln bestreuen. Alternativ kann auch ein Backtrennspray verwendet werden.

Aus den angegebenen Zutaten einen Rührteig (siehe Seite 41) zubereiten. Dafür die Eier mit Zucker und Öl schaumig rühren, danach die restlichen Zutaten hinzugeben und alles nochmals gut verrühren.

Den Teig in die vorbereitete Gugelhupfform füllen und im vorgeheizten Backofen bei 170 °C Heißluft ca. 45 Minuten ba-cken. Den Kuchen gut auskühlen lassen, aus der Form stürzen und vor dem Servieren mit Staubzucker bestreuen.

SCHOKOGUGELHUPF

🥄 30 MINUTEN
(OHNE BACKZEIT)
🕐 60 MINUTEN
🌡 170 °C HEISSLUFT

ZUTATEN
für 1 Gugelhupfform

FÜR DIE FORM
10 g Butter (alternativ Back-trennspray)

10 g Semmelbrösel

TEIG
200 g dunkle Schokolade

250 g weiche Butter

160 g Zucker

4 Eier

200 g Weizenmehl 700/550 (D)

16 g Backpulver

150 g Sauerrahm/saure Sahne

25 g Backkakaopulver

FÜLLE
250 g Topfen/Quark

100 g Eierlikör

30 g Zucker

15 g Vanillepuddingpulver

ZUM VERZIEREN
100 g dunkle Kuvertüre

ZUBEREITUNG

Die Butter in die Gugelhupfform geben und bei 60 °C Heißluft im Ofen schmelzen lassen. Danach mithilfe eines Pinsels die Butter gleichmäßig in der Form verteilen und mit Semmelbröseln bestreuen. Alternativ kann auch ein Backtrennspray verwendet werden.

Für den Teig die Schokolade über einem Wasserbad schmelzen. Die Butter mit dem Zucker schaumig rühren und nacheinander die Eier zugeben und weiterrühren. Anschließend nach und nach die restlichen Zutaten unterheben.

Für die Fülle den Topfen mit Eierlikör, Zucker und Vanillepuddingpulver verrühren.

Die Hälfte des Teigs in die vorbereitete Gugelhupfform füllen, den Teig an den Rändern etwas hochziehen, damit sich eine kleine Mulde bildet. Die Topfenmasse in diese Mulde füllen und danach den restlichen Teig darauf verteilen. Im vorgeheizten Backofen bei 170 °C Heißluft ca. 1 Stunde backen und vor dem Stürzen gut auskühlen lassen.

Die Schokoladenkuvertüre über einem Wasserbad schmelzen und über dem ausgekühlten Kuchen verteilen.

ZEBRAGUGELHUPF

🥄 40 MINUTEN
   (OHNE BACKZEIT)
🕐 50 MINUTEN
🌡️ 170 °C HEISSLUFT

ZUTATEN
für 1 Gugelhupfform

FÜR DIE FORM
10 g Butter (alternativ Backtrennspray)

10 g Semmelbrösel

TEIG
5 Eier

200 g Zucker

250 g Öl

350 g Weizenmehl 700/550 (D)

16 g Backpulver

16 g Vanillezucker

10 g Backkakaopulver

2 Spritzbeutel ohne Tülle

ZUBEREITUNG

Die Butter in die Gugelhupfform geben und bei 60 °C Heißluft im Ofen schmelzen lassen. Danach mithilfe eines Pinsels die Butter gleichmäßig in der Form verteilen und mit Semmelbröseln bestreuen. Alternativ kann Backtrennspray verwendet werden.

Aus den angegebenen Zutaten einen Rührteig (siehe Seite 41) zubereiten. Dafür die Eier mit Zucker schaumig rühren, dann das Öl einfließen lassen und nochmals gut vermischen. Mehl, Backpulver und Vanillezucker dazugeben und verrühren.

Die Hälfte des Teigs in eine zweite Rührschüssel geben und das Backkakaopulver einrühren.

Den dunklen und den hellen Teig jeweils in einen Einwegspritzbeutel ohne Tülle einfüllen. Die Spitze abschneiden und danach abwechselnd jeweils 3 Runden von einem Teig in die vorbereitete Gugelhupfform füllen, bis der gesamte Teig aufgebraucht ist.

Den Kuchen im vorgeheizten Backofen bei 170 °C Heißluft ca. 50 Minuten backen. Ca. 10–15 Minuten in der Form auskühlen lassen, dann vorsichtig stürzen und komplett auskühlen lassen.

EINFACHER OBSTKUCHEN

🥄 30 MINUTEN
(OHNE BACKZEIT)

🕐 35–40 MINUTEN

🌡️ 170 °C HEISSLUFT

ZUTATEN
für 1 Backblech (28 × 36 cm)
oder Backrahmen (22 × 26 cm)

TEIG
4 Eier

200 g zimmerwarme Butter

180 g Zucker

150 g Milch

100 g Naturjoghurt

8 g Backpulver

400 g Weizenmehl 700/550 (D)

20 g Backkakaopulver

ZUM BELEGEN
Pfirsichspalten, Kirschen oder
anderes Obst nach Belieben

ZUM EINFETTEN
optional etwas Butter (alternativ
Backtrennspray)

ZUBEREITUNG

Aus den angegebenen Zutaten einen Rührteig (siehe Seite 41) zubereiten. Dafür die Eier trennen und die Eiweiße zu einem steifen Schnee schlagen. Die zimmerwarme Butter mit Zucker und Eigelben sehr schaumig rühren. Anschließend Milch, Naturjoghurt, Backpulver, Mehl sowie Backkakaopulver dazugeben und verrühren. Am Schluss vorsichtig den Eischnee unterheben.

Den eckigen Backrahmen auf ein mit Backpapier belegtes Backblech stellen und die Masse darin verteilen. Alternativ den Teig auf einem eingefetteten Backblech verstreichen. Mit Pfirsichspalten, Kirschen oder anderem Obst nach Belieben belegen und im vorgeheizten Backofen bei 170 °C Heißluft ca. 35–40 Minuten backen.

KAFFEESCHNITTEN

 40 MINUTEN (OHNE
BACK- UND KÜHLZEIT)

🕐 12 MINUTEN

🌡 200 °C HEISSLUFT

ZUTATEN
für eine 3-in-1-Form

TEIG

6 Eier

180 g Zucker

6 EL Mineralwasser (alternativ
Leitungswasser)

140 g Weizenmehl 700/550 (D)

40 g geriebene Walnüsse oder
Haselnüsse

20 g Backkakaopulver

CREME

250 g Schlagsahne

2 Pkg. Sahnesteif

400 g Mascarpone

100 g Zucker

10 g löslicher Kaffee (alternativ
10 g kalter Kaffee)

6 EL Milch

ZUM BESTREICHEN

100 g Marillenmarmelade

ZUM VERZIEREN

Kaffeebohnen, Minzblätter

ZUBEREITUNG

Aus den angegebenen Zutaten einen Biskuitteig zubereiten (Anleitung siehe Seite 47). Die Masse auf ein mit Backpapier belegtes Backblech streichen und im vorgeheizten Backofen bei 200 °C Heißluft ca. 12 Minuten backen. Den Teig etwas auskühlen lassen und danach in 3 gleich große Teile schneiden.

Für die Creme Schlagsahne mit Sahnesteif (laut Packungsanleitung) aufschlagen und mit Mascarpone und Zucker vermengen. Den löslichen Kaffee in der Milch auflösen und in die Schlagsahne-Mascarpone-Mischung einrühren. Alternativ den kalten Kaffee direkt (ohne Milch) in die Mischung rühren.

70 g von der Creme wegnehmen und in einen Spritzbeutel samt Tülle nach Belieben füllen.

Die erste Schicht des Biskuitteigs in die 3-in-1-Form (oder alternativ eine mit Frischhaltefolie ausgelegte Kastenform) legen, mit Marillenmarmelade und anschließend Creme bestreichen. Dann die nächste Teigschicht darauflegen und den Vorgang wiederholen, bis mit einer Schicht Creme abgeschlossen wird. Mit den 70 g Creme verzieren und für ein paar Stunden kalt stellen.

Mit Kaffeebohnen und Minzblättern nach Belieben verzieren.

NAPOLEONSCHNITTEN

🥄 90 MINUTEN (OHNE RAST-, BACK- UND KÜHLZEIT)

🕐 15 MINUTEN

🌡️ 210/180 °C HEISSLUFT

ZUTATEN
für eine 3-in-1-Form

TEIG
400 g Butter

400 g Weizenmehl 700/550 (D)

2 Eigelb

etwas Zitronensaft

etwas Salz

160 g kaltes Wasser

CREME
400 g Milch

60 g Zucker

37 g Vanillepuddingpulver

250 g Topfen/Quark

300 g Schlagsahne

10 g Vanillezucker

1 Pkg. Sahnesteif

TIPP
Napoleonschnitten schmecken noch besser, wenn sie einen Tag lang im Kühlschrank durchziehen können.

ZUBEREITUNG

Aus den angegebenen Zutaten einen Blätterteig zubereiten (Anleitung siehe Seite 53). Den Teig halbieren und die Hälften rechteckig auf je 30 x 45 cm ausrollen. Nun mithilfe der 3-in-1-Backform insgesamt 7 Böden ausstechen und diese für 3 Stunden zugedeckt im Kühlschrank rasten lassen.

Nach der Rastzeit den Backofen auf 210 °C Heißluft vorheizen. Die ausgestochenen Teigstücke sowie den restlichen Teig auf ein mit Backpapier belegtes Backblech legen und den Teig mehrmals mit einer Gabel einstechen. Die Backofentemperatur auf 180 °C Heißluft reduzieren und den Teig ca. 15 Minuten goldgelb backen, danach auskühlen lassen.

Für die Creme 200 g Milch mit Zucker aufkochen. Die restliche Milch mit Vanillepuddingpulver verrühren, dann in die kochende Milch-Zucker-Mischung einrühren und nochmals aufkochen lassen. Danach unter ständigem Rühren abkühlen lassen und anschließend den Topfen einrühren. Schlagsahne und Vanillezucker mit Sahnesteif laut Packungsanweisung zubereiten und vorsichtig unter die Pudding-Topfen-Masse heben.

Nun den gebackenen Blätterteig, der nach dem Ausstechen der Böden übriggeblieben ist, mit den Händen zerbröseln. Abwechselnd einen Blätterteigboden und eine Schicht Creme in die 3-in-1-Form geben. Mit einer Blätterteigschicht abschließen und alles ca. 1 Stunde bei Zimmertemperatur rasten lassen. Die restliche Creme in der Zwischenzeit kalt stellen.

Nach der Rastzeit den Kuchen mit einem Teller sowie einem mit Wasser gefüllten Krug beschweren und so für ca. 3 Stunden pressen. Die Schnitte oben mit der restlichen Creme bestreichen und mit dem zerbröselten Teigboden dekorieren.

HIMBEER-CREMESCHNITTEN

🥄 45 MINUTEN (OHNE BACKZEIT)

🕐 15 MINUTEN

🌡 200 °C HEISSLUFT

ZUTATEN
für 8 Stück

TEIG
200 g Butter

200 g Weizenmehl 700/550 (D)

1 Eigelb

etwas Zitronensaft

etwas Salz

80 g kaltes Wasser

ZUM BESTREUEN
etwas Zucker

FÜLLE
250 g Milch

3 EL Zucker

17 g Vanillepuddingpulver

250 g Topfen/Quark

200 g Schlagsahne

1 Pkg. Sahnesteif

50 g Himbeerpüree
(siehe Seite 26)

ZUM VERZIEREN
Staubzucker

32 frische Himbeeren
(4 pro Schnitte)

frische Blüten

ZUBEREITUNG

Aus den angegebenen Zutaten einen Blätterteig zubereiten (Anleitung siehe Seite 53). Den Teig ausrollen, danach in 10 × 5 cm große Stücke aufteilen. Die Stücke auf ein mit Backpapier belegtes Backblech legen, mit Wasser besprühen und mit etwas Zucker bestreuen. Im vorgeheizten Backofen bei 200 °C Heißluft ca. 15 Minuten goldgelb backen.

Für die Fülle 200 g Milch mit Zucker aufkochen. Die restliche Milch mit dem Vanillepuddingpulver vermengen, in die kochende Milch-Zucker-Mischung einrühren und alles nochmals aufkochen. Danach unter ständigem Rühren auskühlen lassen und in die abgekühlte Mischung den Topfen einrühren.

Die Schlagsahne mit Sahnesteif (laut Packungsanweisung) aufschlagen und vorsichtig mit der Pudding-Topfen-Masse vermischen. Danach das Himbeerpüree unterheben.

Die Fülle in einen Spritzbeutel geben und auf die Hälfte der ausgekühlten und zugeschnittenen Blätterteigplatten spritzen. Jeweils 4 frische Himbeeren auf eine Schnitte setzen und mit einer zweiten Teigplatte abschließen.

Vor dem Servieren mit Staubzucker, frischen Beeren und Blüten verzieren.

TIPP

Alternativ kannst du einen Backrahmen um den Boden stellen und diesen im Ganzen backen. Nach dem Backen die Fülle auf den ausgekühlten Boden streichen, die einzelnen Platten darauflegen und danach die Stücke zurechtschneiden.

KARDINALSCHNITTEN

🥄 60 MINUTEN (OHNE
   BACK- UND KÜHLZEIT)

🕐 10–15 MINUTEN

🌡️ 160 °C HEISSLUFT

ZUTATEN
für 1 Kardinalschnitte
(1–2 Backbleche)

BAISER
6 Eiweiße

250 g Zucker

TEIG
6 Eigelbe

1 Ei

60 g Staubzucker

60 g Weizenmehl 700/550 (D)

FÜLLE
250 g Schlagsahne

1 Pkg. Sahnesteif

15 g Cappuccinopulver nach
Belieben

ZUM BESTREUEN
Staubzucker

ZUBEREITUNG

Für das Baiser die Eiweiße zu einem steifen Schnee schlagen und den Zucker unterrühren, bis eine sehr steife Masse entsteht. Danach in einen Spritzbeutel füllen.

Für den Biskuitteig die Eigelbe schaumig schlagen, dann nacheinander das Ei und Staubzucker dazugeben und zu einer lockeren Masse verrühren. Das Mehl vorsichtig unterheben.

Auf ein mit Backpapier belegtes Backblech 3 Streifen Baiser im Abstand von ca. 2 cm aufspritzen. In die beiden freien Zwischenräume mit einem Löffel oder Spritzbeutel jeweils einen Streifen Biskuit einfüllen, sodass insgesamt 5 Streifen nebeneinander entstehen. Diesen Vorgang direkt daneben oder auf einem weiteren Backblech noch einmal wiederholen, dann im vorgeheizten Backofen bei 160 °C Heißluft ca. 15 Minuten backen, bis der Biskuit leicht bräunlich ist. Danach auskühlen lassen.

Für die Fülle Schlagsahne mit Sahnesteif (laut Packungsanweisung) aufschlagen, dabei nach Belieben Cappuccinopulver dazugeben. Eine der gebackenen Biskuit-Baiser-Platten umdrehen und die gesamte Fülle auftragen. Anschließend die zweite Platte darauflegen und für 1–2 Stunden kalt stellen. Vor dem Servieren mit Staubzucker bestreuen.

SCHOKOBROWNIES

🥄 20 MINUTEN (OHNE BACKZEIT)

🕐 25 MINUTEN

🌡 180 °C HEISSLUFT

ZUTATEN

für ca. 20 Stück (1 Backrahmen, 20 × 25 cm)

TEIG

250 g Zartbitterschokolade, grob gehackt

180 g zimmerwarme Butter

150 g Staubzucker

200 g Weizenmehl 700/550 (D)

24 g Backkakaopulver

10 g Backpulver

4 Eier

75 g Honig

15 g Vanillezucker

ZUBEREITUNG

200 g der grob gehackten Schokolade mit zimmerwarmer Butter über einem Wasserbad schmelzen und etwas auskühlen lassen. Staubzucker, Mehl, Backkakao und Backpulver vermischen, dann die Eier, Honig, die flüssige Schokoladenmasse und Vanillezucker unterrühren. Die restlichen 50 g Schokolade klein hacken und zuletzt hinzugeben.

Den Backrahmen auf ein mit Backpapier belegtes Backblech stellen und den Teig einfüllen. Im vorgeheizten Backofen bei 180 °C Heißluft ca. 25 Minuten backen. Der fertig gebackene Kuchen soll eine noch etwas teigige Konsistenz haben. Den Kuchen ein wenig auskühlen lassen, aus dem Rahmen lösen und ganz auskühlen lassen.

Vor dem Servieren in ca. 5 cm große Würfel schneiden.

ERDBEER-SCHOKO-TRAUM

 **45 MINUTEN (OHNE BACK- UND KÜHLZEIT)**

 **25 MINUTEN**

170 °C HEISSLUFT

ZUTATEN
für ca. 20 Stück (1 Backrahmen, 30 x 36 cm)

TEIG
5 Eier

170 g Zucker

80 g zimmerwarme Butter

8 g Backpulver

150 g Weizenmehl 700/550 (D)

15 g Backkakaopulver

40 g Naturjoghurt

CREME
250 g Topfen/Quark

80 g Zucker

250 g Naturjoghurt

8 Blatt Gelatine

250 g Schlagsahne

90 g Zartbitter-Schokoladensplitter

500 g Erdbeerpüree (siehe Seite 26)

ERDBEERSPIEGEL
250 g Erdbeeren

30 g Zucker

3 Blatt Gelatine

ZUM VERZIEREN
frische Erdbeeren

ZUBEREITUNG

Aus den angegebenen Zutaten einen Rührteig (siehe Seite 41) zubereiten. Dafür die Eier trennen und die Eiweiße zu einem steifen Schnee schlagen. Die Eigelbe mit Zucker und zimmerwarmer Butter sehr schaumig rühren. Jetzt Backpulver, Mehl, Backkakaopulver und Naturjoghurt unterrühren und am Schluss vorsichtig den Eischnee unterheben.

Die Masse auf einem mit Backpapier belegten Backblech in einen Backrahmen füllen und im vorgeheizten Backofen bei 170 °C Heißluft ca. 25 Minuten backen. Danach gut auskühlen lassen.

Den Topfen mit Zucker und Naturjoghurt vermischen. Die Gelatine zubereiten (siehe Seite 18) und in die Topfen-Mischung einrühren. Die Schlagsahne aufschlagen und unter die Creme heben. Am Schluss noch die Schokoladensplitter und das Erdbeerpüree unterheben.

Die Creme auf dem ausgekühlten Kuchenboden verteilen und kurz kalt stellen.

Für den Erdbeerspiegel die Erdbeeren mit Zucker pürieren. Die Gelatine zubereiten (siehe Seite 18) und in das Erdbeerpüree einrühren. Den Erdbeerspiegel auf dem Kuchen verteilen und mehrere Stunden kalt stellen. Vor dem Servieren mit frischen Erdbeeren verzieren.

RHABARBERKUCHEN MIT GRANOLA-TOPPING

🥄 30 MINUTEN (OHNE BACKZEIT)

🕐 30 MINUTEN

🌡️ 175 °C HEISSLUFT

ZUTATEN

für 1 Backrahmen (30 x 28 cm)

TEIG

3 Eier

150 g Zucker

16 g Vanillezucker

250 g Weizenmehl 700/550 (D)

100 g geriebene Mandeln

8 g Backpulver

250 g Schlagsahne

600 g Rhabarber

CREME

500 g Schlagsahne

2 Pkg. Sahnesteif

300 g Frischkäse

100 g Staubzucker

150 g Granola

ZUBEREITUNG

Aus den angegebenen Zutaten einen Rührteig (siehe Seite 41) zubereiten. Dafür die Eier mit Zucker schaumig rühren, danach die restlichen Zutaten einrühren und auf einem mit einem Backrahmen umstellten, mit Backpapier belegten Backblech verteilen. Die Rhabarberstangen waschen und ggf. halbieren, sodass alle Stücke ungefähr gleich dick sind, dann in regelmäßigen Abständen auf den Teig legen. Den Kuchen im vorgeheizten Backofen bei 175 °C Heißluft ca. 30 Minuten backen, danach auskühlen lassen.

Für die Creme die Schlagsahne mit Sahnesteif (laut Packungsanleitung) aufschlagen und Frischkäse und Staubzucker unterheben. Die Creme auf dem ausgekühlten Kuchen verteilen.

Zum Schluss noch das Granola auf dem Kuchen verteilen.

TIPP

Wenn Rhabarber frisch ist, muss er nicht geschält werden. So behält er seine schöne rote Farbe.

IM ALLTAG MUSS ES OFT
SCHNELL GEHEN.
ABER WENN ICH ZEIT HABE,
STECKE ICH MEINE GANZE
HINGABE IN KLEINE, BESONDERE
DETAILS UND FREUE MICH
ÜBER DIE STRAHLENDEN AUGEN
MEINER FAMILIE UND GÄSTE.

SCHNELLER BECHERKUCHEN

 15 MINUTEN
(OHNE BACKZEIT)

🕐 45 MINUTEN

🌡 170 °C HEISSLUFT

ZUTATEN
für 1 Kastenform (30 cm)

TEIG
4 Eier

¾ Becher Staubzucker

½ Becher Rapsöl

1 Becher Sauerrahm/saure Sahne

2 Becher Weizenmehl 700/550 (D)

16 g Backpulver

1 Becher geriebene Mandeln

2 EL Backkakaopulver

ZUM EINFETTEN
etwas Butter (alternativ Backtrennspray)

ZUM VERZIEREN
Staubzucker oder Schokoladenglasur (siehe Seite 24)

ZUBEREITUNG

Aus den angegebenen Zutaten einen Rührteig (siehe Seite 41) zubereiten. Dafür die Eier mit Staubzucker gut schaumig rühren, das Öl dazugeben und nochmals gut verrühren. Anschließend die restlichen Zutaten einrühren.

Den Teig in eine eingefettete Kastenform füllen und im vorgeheizten Backofen bei 170 °C Heißluft ca. 45 Minuten backen.

Den Kuchen auskühlen lassen, aus der Form stürzen und mit Staubzucker oder Schokoladenglasur verzieren.

MOHNGUGELHUPF

🥄 30 MINUTEN (OHNE BACKZEIT)

🕐 50 MINUTEN

🌡️ 170 °C HEISSLUFT

ZUTATEN
für 1 Gugelhupfform

FÜR DIE FORM

10 g Butter (alternativ Backtrennspray)

10 g Semmelbrösel

TEIG

200 g zimmerwarme Butter

250 g Zucker

4 Eier

Saft und geriebene Schale von 1 Zitrone

400 g Weizenmehl 700/550 (D)

16 g Backpulver

300 g Milch

100 g gemahlener Mohn

ZUBEREITUNG

Die Butter in die Gugelhupfform geben und bei 60 °C Heißluft im Ofen schmelzen lassen. Danach mithilfe eines Pinsels die Butter gleichmäßig in der Form verteilen und mit Semmelbröseln bestreuen. Alternativ kann Backtrennspray verwendet werden.

Aus den angegebenen Zutaten einen Rührteig (siehe Seite 41) zubereiten. Dafür die zimmerwarme Butter mit Zucker schaumig rühren, danach Eier, den Saft sowie die geriebene Schale der Zitrone, Mehl, Backpulver und 250 g Milch dazugeben und einrühren.

Die Hälfte des Teigs in die vorbereitete Gugelhupfform füllen. In den übrigen Teig den gemahlenen Mohn und die restliche Milch einrühren, dann den Teig ebenfalls in die Form füllen.

Im vorgeheizten Backofen bei 170 °C Heißluft ca. 50 Minuten backen.

SPEKULATIUS-PUNSCH-SCHNITTEN

🥄 60 MINUTEN (OHNE BACK- UND KÜHLZEIT)

🕐 20 MINUTEN

🌡️ 180 °C HEISSLUFT

ZUTATEN
für 1 Backrahmen (30 x 28 cm)

TEIG
6 Eier

180 g Zucker

180 g Weizenmehl 700/550 (D)

15 g Backkakaopulver

6 EL Mineralwasser

FÜLLE
300 g Früchtepunsch

40 g Zucker

1 Pkg. Vanillepuddingpulver

BELAG
500 g Schlagsahne

2 Pkg. Sahnesteif

5 g Spekulatiusgewürz (alternativ Zimt)

20 Spekulatiuskekse

ZUBEREITUNG

Aus den angegebenen Zutaten einen Rührteig (siehe Seite 41) zubereiten. Dafür die Eier mit Zucker gut schaumig schlagen, danach Mehl, Backkakaopulver und Mineralwasser abwechselnd löffelweise zugeben. Den Teig auf ein mit Backpapier belegtes, mit einem Backrahmen umstelltes Backblech streichen und im vorgeheizten Backofen bei 180 °C Heißluft ca. 20 Minuten backen, danach auskühlen lassen.

Für die Fülle 250 g Früchtepunsch mit Zucker aufkochen. In den restlichen 50 g Punsch das Vanillepuddingpulver auflösen, die Mischung dann zum kochenden Früchtepunsch geben und so lange köcheln lassen, bis alles eindickt. Die Masse auf den ausgekühlten Kuchenboden streichen und das Blech im Kühlschrank für 1 Stunde kalt stellen.

Für den Belag die Schlagsahne mit Sahnesteif (laut Packungsanweisung) aufschlagen und das Spekulatiusgewürz unterheben. Nach der Kühlzeit die Sahnecreme auf der Punsch-Pudding-Masse verstreichen und alles mit Spekulatiuskeksen verzieren.

SCHOKO-APFEL-ROULADE

🥄 30 MINUTEN (OHNE BACK- UND KÜHLZEIT)

🕐 12 MINUTEN

🌡️ 200 °C HEISSLUFT

ZUTATEN

für 1 Roulade

TEIG

6 Eier
180 g Zucker
6 EL Mineralwasser
180 g Weizenmehl 700/550 (D)

FÜLLE

400 g Äpfel
20 g Butter
30 g Zucker
250 g Nougatcreme (siehe Seite 15)
250 g Schlagsahne
1 Pkg. Sahnesteif

ZUM VERZIEREN

Staubzucker

ZUBEREITUNG

Aus den angegebenen Zutaten einen Biskuitteig zubereiten (Anleitung siehe Seite 47). Die Masse auf ein mit Backpapier belegtes Blech streichen und im vorgeheizten Backofen bei 200 °C Heißluft ca. 12 Minuten backen.

Ein Geschirrtuch mit etwas Zucker bestreuen und den Biskuit direkt aus dem Backofen darauf stürzen, vorsichtig das Backpapier abziehen und anschließend wieder auflegen. Zusammen mit dem Backpapier einrollen und etwas auskühlen lassen.

In der Zwischenzeit die Äpfel schälen, entkernen, möglichst klein würfeln und in einem Topf mit Butter und Zucker dünsten. Danach gut auskühlen lassen.

Die Roulade ausrollen und mit Nougatcreme bestreichen. Die Schlagsahne mit Sahnesteif (laut Packungsanweisung) aufschlagen und auf der Nougatcreme verteilen. Danach noch die ausgekühlten, gedünsteten Apfelstücke darauf verteilen und die Roulade straff einrollen.

Ca. 2 Stunden kalt stellen und vor dem Servieren mit Staubzucker betreuen.

TIPP

Die Nougatcreme wird besonders gut streichfähig, wenn du sie über einem Wasserbad (Seite 15) leicht erwärmst.

BANANENSCHNITTEN

🥄 50 MINUTEN
🕐 25 MINUTEN
🌡 170 °C HEISSLUFT

ZUTATEN
für 1 Backrahmen (26 × 30 cm)

TEIG
5 Eier

120 g Zucker

130 g Öl

130 g Weizenmehl 700/550 (D)

16 g Backpulver

20 g Backkakaopulver

CREME
300 g Schlagsahne

40 g Zucker

16 g Vanillezucker

500 g Mascarpone

ZUM BELEGEN
ca. 6 Bananen

ZUBEREITUNG

Aus den angegebenen Zutaten einen Rührteig (siehe Seite 41) zubereiten. Dafür Eier mit Zucker und Öl schaumig aufschlagen und danach nochmal gut mit den restlichen Zutaten verrühren. Den Backrahmen auf ein mit Backpapier belegtes Backblech stellen und den Teig einfüllen. Im vorgeheizten Backofen bei 170 °C Heißluft ca. 25 Minuten backen, danach auskühlen lassen.

Nach dem Auskühlen etwa ein Viertel vom Kuchen (200 g) abschneiden und zerbröseln.

Für die Creme die Schlagsahne mit Zucker und Vanillezucker steif schlagen, Mascarpone glattrühren und danach vorsichtig unter die steife Schlagsahne heben. Die Bananen halbieren und auf den ausgekühlten Kuchen legen, dann die Creme daraufstreichen. Abschließend mit den Kuchenbröseln verzieren.

VON SAHNEHÄUBCHEN BIS NO-BAKE-TRAUM: TORTEN

...

Es steht ein bestimmter Anlass bevor, oder du hast einfach Lust auf etwas Besonderes? Dann ist das ein klarer Fall für eine Torte! Mit Obst belegt, mit Sahne bestrichen, mit Marmelade gefüllt, nussig, beerig, bunt verziert oder schokoladig – auf den nächsten Seiten findest du Rezepte für jede Jahreszeit und jeden Geschmack.

MANGOTORTE

🥄 60 MINUTEN (OHNE BACK- UND KÜHLZEIT)

🕐 25–30 MINUTEN

🌡️ 170 °C HEISSLUFT

ZUTATEN

für 1 Torte (Durchmesser 24 cm)

TEIG

160 g Zucker

100 g zimmerwarme Butter

4 Eier

160 g Weizenmehl 700/550 (D)

10 g Backpulver

4 EL warmes Wasser

FÜLLE

250 g Topfen/Quark

40 g Zucker

Saft von 1 Zitrone

500 g Schlagsahne

2 Pkg. Sahnesteif

Tortenring

FRUCHTSPIEGEL

350 g Mangopüree (siehe Seite 26)

5 Blatt Gelatine

ZUM VERZIEREN

Schlagsahne, Physalis

ZUBEREITUNG

Aus den angegebenen Zutaten einen Rührteig (siehe Seite 41) zubereiten. Dafür Zucker und Butter schaumig aufschlagen und dann die Eier nach und nach zugeben und weiterrühren. Am Schluss noch mit den restlichen Zutaten vermengen. Den Teig in die Tortenform füllen. Im vorgeheizten Backofen bei 170 °C Heißluft ca. 25–30 Minuten backen und anschließend auskühlen lassen.

Für die Fülle den Topfen mit Zucker und Zitronensaft vermischen. Die Schlagsahne mit Sahnesteif (laut Packungsanweisung) aufschlagen und vorsichtig unterheben. Nach Belieben etwas von der Fülle für die abschließende Dekoration zur Seite stellen.

Nach dem Auskühlen die Torte zweimal waagrecht durchschneiden.

Den Tortenring auf eine Platte stellen und den Tortenboden hineinlegen. Ein Drittel der Fülle darauf verteilen und eine zweite Schicht Kuchen darauflegen. Den Vorgang nochmals wiederholen. Zum Abschluss die letzte Schicht Kuchen darauflegen und die gesamte Torte mit der restlichen Fülle bestreichen.

Für den Fruchtspiegel die Gelatineblätter in kaltem Wasser aufweichen, danach ausdrücken. Das Mangopüree in einem Topf kurz erwärmen und die Gelatine im warmen Mangopüree unter ständigem Rühren auflösen.

Den Fruchtspiegel überkühlen lassen und gleichmäßig über die fertige Torte gießen. Nach Belieben mit der restlichen Fülle oder Schlagsahne und Physalis verzieren.

WALDFRUCHT-NAKED-CAKE

🥄 40 MINUTEN
(OHNE BACKZEIT)

🕐 45 MINUTEN

🌡️ 170 °C HEISSLUFT

ZUTATEN

für 1 Torte (Durchmesser 22 cm)

TEIG

5 Eier

200 g Zucker

125 g Öl

300 g Weizenmehl 700/550 (D)

16 g Backpulver

125 g Milch

FÜLLE

300 g Schlagsahne

80 g Zucker

16 g Vanillezucker

350 g Mascarpone

3 Blatt Gelatine

200 g Waldbeeren

Tortenring

4 EL Beerenmarmelade

ZUM DEKORIEREN

frische Beeren

weiße Schokoladenspäne

Minzblätter

ZUBEREITUNG

Aus den angegebenen Zutaten einen Rührteig (siehe Seite 41) zubereiten. Dafür Eier mit Zucker und Öl schaumig aufschlagen und danach nochmal gut mit den restlichen Zutaten verrühren. Den Teig in die Tortenform füllen. Im vorgeheizten Backofen bei 170 °C Heißluft 45 Minuten backen und anschließend auskühlen lassen.

Für die Fülle die Schlagsahne mit Zucker und Vanillezucker aufschlagen, dann die Mascarpone unterheben. Die Gelatine zubereiten (siehe Seite 18) und ebenfalls einrühren. Etwas Creme zum Verzieren zur Seite stellen. Zuletzt die Waldbeeren vorsichtig unter die restliche Creme heben.

Für die Fülle die Schlagsahne mit Zucker und Vanillezucker aufschlagen, dann die Mascarpone unterheben. Die Gelatine zubereiten (siehe Seite 18) und ebenfalls einrühren. Etwas Creme zum Verzieren zur Seite stellen. Zuletzt die Waldbeeren vorsichtig unter die restliche Creme heben.

Nach dem Auskühlen die Torte dreimal waagrecht durchschneiden.

Den Tortenring auf eine Platte stellen und den Tortenboden hineinlegen, mit Beerenmarmelade bestreichen, danach ein Viertel der Fülle darauf verteilen. Die nächste Kuchenplatte darauflegen und wieder mit Marmelade und Fülle bestreichen. Mit den restlichen Böden ebenso verfahren.

Die oberste Schicht mit der zur Seite gestellten Fülle, frischen Beeren, weißen Schokoladenspänen und Minzblättern verzieren.

NO-BAKE-TORTE

🥄 60 MINUTEN
(OHNE KÜHLZEIT)

ZUTATEN
für 1 Backrahmen (Durchmesser 24 cm)

TEIG
400 g dunkle Butterkekse

180 g geschmolzene Butter

FÜLLE
250 g Schlagsahne

300 g Mascarpone

500 g Topfen/Quark

120 g Zucker

Saft von 1 Zitrone

8 g Vanillezucker

150 g Heidelbeerpüree
(siehe Seite 26)

3 Blatt Gelatine

ZUM VERZIEREN
Heidelbeeren

Schokoladenspäne

ZUBEREITUNG

Die Butterkekse zerbröseln und mit geschmolzener Butter zu einer homogenen Masse vermengen. Die Masse in den Backrahmen drücken und am Rand etwas hochziehen.

Für die Fülle die Schlagsahne aufschlagen. Die restlichen Zutaten vorsichtig unterheben. Die Gelatine zubereiten (siehe Seite 18) und vorsichtig unter die Masse mischen.

Die gesamte Fülle nun gleichmäßig auf dem Keksboden verteilen. Die Torte für mindestens 4–6 Stunden kalt stellen. Vor dem Servieren mit frischen Beeren und Schokoladenspänen verzieren.

OBSTTORTE

🥄 40 MINUTEN
(OHNE BACKZEIT)

🕐 25 MINUTEN

🌡️ 175 °C HEISSLUFT

ZUTATEN

für 1 Torte (Obsttortenform, Durchmesser 24 cm)

FÜR DIE FORM

etwas Butter

Semmelbrösel

TEIG

5 Eier

180 g Zucker

30 g Öl

180 g Weizenmehl 700/550 (D)

8 g Backpulver

90 g Naturjoghurt

CREME

Mark von ½ Vanilleschote

250 g Mascarpone

50 g Staubzucker

Saft von ½ Zitrone

250 g Schlagsahne

ZUM VERZIEREN

1 Dose Pfirsichspalten

frische Himbeeren, Heidelbeeren, Physalis oder anderes Obst nach Belieben

ZUBEREITUNG

Aus den angegebenen Zutaten einen Rührteig (siehe Seite 41) zubereiten. Dafür Eier mit Zucker und Öl schaumig aufschlagen und danach nochmal gut mit den restlichen Zutaten verrühren. Den Teig in eine eingefettete, mit Semmelbröseln bestreute Tortenform füllen. Im vorgeheizten Backofen bei 175 °C Heißluft ca. 25 Minuten backen und anschließend auskühlen lassen.

Für die Creme die Vanilleschote längs einritzen und das Mark herausschaben. Mascarpone mit Staubzucker, Vanillemark und Zitronensaft vermischen. Die Schlagsahne aufschlagen und unter die Mascarpone-Masse heben.

Die Creme auf dem Tortenboden verteilen und die Torte abschließend mit Pfirsichspalten, frischen Beeren, Physalis oder anderem Obst nach Belieben verzieren.

NUSSTORTE MIT EIERLIKÖR

🥄 60 MINUTEN (OHNE BACK- UND KÜHLZEIT)

🕐 50 MINUTEN

🌡 170 °C HEISSLUFT

ZUTATEN
für 1 Torte (Durchmesser 24 cm)

TEIG

5 Eier	
200 g Zucker	
125 g Wasser	
125 g Öl	
150 g Weizenmehl 700/550 (D)	
100 g geriebene Haselnüsse	
100 g Schokoladenstreusel	
16 g Backpulver	

Tortenring

FÜLLE

6 Blatt Gelatine	
500 g Schlagsahne	
100 g Eierlikör	
16 g Vanillezucker	
50 g Zucker	

GUSS

1 Blatt Gelatine

150 g Eierlikör

ZUM VERZIEREN

150 g Schlagsahne

½ Pkg. Sahnesteif

Schokoladenspäne

ZUBEREITUNG

Aus den angegebenen Zutaten einen Rührteig (siehe Seite 41) zubereiten. Dafür die Eier trennen und die Eiweiße zu einem steifen Schnee schlagen. Den Zucker mit Wasser, Öl und Eigelben schaumig rühren. Alle trockenen Teigzutaten vermengen und in die flüssige Mischung einrühren. Zum Schluss vorsichtig den Eischnee unterheben.

Den Tortenring auf ein Backblech stellen und den Teig einfüllen. Im vorgeheizten Backofen bei 170 °C Heißluft ca. 50 Minuten backen, danach gut auskühlen lassen.

Für die Fülle die Gelatine zubereiten (siehe Seite 18). Die Schlagsahne aufschlagen, danach Eierlikör, Vanillezucker und Zucker zugeben und kurz einrühren. Die Gelatine vorsichtig unter die Schlagsahne-Creme mischen.

Die gut ausgekühlte Torte waagrecht auseinanderschneiden, den Tortenring um den Boden stellen und darauf zwei Drittel der Creme verteilen. Die zweite Kuchenhälfte darauflegen und mit der restlichen Creme bestreichen.

Für den Guss die Gelatine in kaltem Wasser einweichen, danach ausdrücken. Den Eierlikör auf dem Herd leicht erwärmen und die Gelatine einrühren. Die Mischung von der warmen Herdplatte nehmen und ca. 10 Minuten in den Kühlschrank stellen, sodass der Eierlikör etwas andickt. Anschließend mittig auf die Torte gießen.

Die Torte für mindestens 5 Stunden in den Kühlschrank stellen. Vor dem Servieren nach Belieben mit steif geschlagener Schlagsahne (mit Sahnesteif laut Packungsanleitung) und Schokoladenspänen verzieren.

SOMMERLICHE KOKOSTORTE

🥄 50 MINUTEN (OHNE BACK- UND KÜHLZEIT)

🕐 45 MINUTEN

🌡️ 180 °C HEISSLUFT

ZUTATEN
für 1 Torte (Durchmesser 22 cm)

TEIG

5 Eier

125 g Öl

200 g Zucker

300 g Weizenmehl 700/550 (D)

16 g Backpulver

120 g Milch

4 EL Orangensaft

CREME

3 Blatt Gelatine

250 g Sauerrahm/saure Sahne

50 g Staubzucker

Saft von ½ Zitrone

250 g Schlagsahne

50 g Kokosflocken

ZUM VERZIEREN

Kokosflocken

Kokospralinen

Orangen- und Zitronenscheiben nach Belieben

Minzblätter

ZUBEREITUNG

Für den Rührteig (siehe Seite 41) die Eier trennen und die Eiweiße zu einem steifen Schnee schlagen. Das Öl mit Zucker und den Eigelben schaumig rühren. Das Mehl mit Backpulver vermischen. Nun Milch und Orangensaft unter die Masse rühren und danach das Mehl unterrühren. Zum Schluss den Eischnee vorsichtig unterheben.

Die Masse in eine Tortenform füllen und im vorgeheizten Backofen bei 180 °C Heißluft 45 Minuten backen, danach gut auskühlen lassen.

Für die Creme die Gelatine zubereiten (siehe Seite 18). Sauerrahm mit Staubzucker und Zitronensaft vermischen, dann die Schlagsahne aufschlagen. Die flüssige Gelatine gut mit der Sauerrahm-Masse vermengen. Am Schluss noch Schlagsahne und Kokosflocken unter die Creme heben.

Die gut ausgekühlte Torte zweimal waagrecht durchschneiden. Den Boden mit einem Drittel der Creme bestreichen, die nächste Schicht darauflegen und den Vorgang wiederholen. Zum Abschluss die gesamte Torte mit der restlichen Fülle bestreichen.

Anschließend für ein paar Stunden kalt stellen und vor dem Servieren mit Kokosflocken, Kokospralinen, Orangen- und Zitronenscheiben und Minzblättern verzieren.

REGENBOGENTORTE

🥄 50 MINUTEN
(OHNE BACKZEIT)

🕐 50 MINUTEN

🌡️ 180 °C HEISSLUFT

ZUTATEN
für 1 Torte (Durchmesser 24 cm)

TEIG
4 Eier	
160 g Zucker	
150 g Öl	
200 g Weizenmehl 700/550 (D)	
10 g Backpulver	
15 g Backkakaopulver	
200 g Sauerrahm/saure Sahne	

ZUM EINFETTEN
etwas Butter (alternativ Backtrennspray)

ZUM BESTREICHEN
100 g Marillenmarmelade	
40 g Kokosfett	
200 g Schokolade	

ZUM VERZIEREN
Smarties

ZUBEREITUNG

Aus den angegebenen Zutaten einen Rührteig (siehe Seite 41) zubereiten. Dafür Eier mit Zucker und Öl schaumig aufschlagen und danach nochmal gut mit den restlichen Zutaten verrühren. Den Teig in die eingefettete Tortenform füllen. Im vorgeheizten Backofen bei 180 °C Heißluft ca. 50 Minuten backen, danach auskühlen lassen.

Von dem ausgekühlten Kuchen mithilfe eines Glases unterhalb der Kuchenmitte einen Kreis ausstechen und den Teil unterhalb des Glasrandes abschneiden, sodass die Regenbogenform entsteht.

Nun den gesamten Bogen mit Marillenmarmelade einstreichen. Das Kokosfett auf niedriger Stufe in einem Topf schmelzen, die Schokolade dazugeben und unter Rühren ebenfalls schmelzen lassen. Etwas auskühlen lassen und den Kuchen damit glasieren. Am Schluss noch mit Smarties verzieren.

TIPP

Aus dem abgeschnittenen Teil des Kuchens kannst du zum Beispiel Kuchenpralinen machen (siehe Seite 206) und diese als „Wolken" unter den Regenbogenkuchen legen.

PREISELBEER-ROULADENTORTE

🥄 45 MINUTEN (OHNE BACK- UND KÜHLZEIT)

🕐 12 MINUTEN

🌡 200 °C HEISSLUFT

ZUTATEN
für 1 Torte (Durchmesser 24 cm)

TEIG
6 Eier

180 g Zucker

6 EL Mineralwasser (alternativ Leitungswasser)

160 g Weizenmehl 700/550 (D)

20 g Backkakaopulver

Preiselbeermarmelade

CREME
500 g Schlagsahne

500 g Topfen/Quark

250 g Sauerrahm/saure Sahne

150 g Staubzucker

100 g Preiselbeermarmelade

etwas Rum (alternativ Wasser)

8 Blatt Gelatine

ZUM VERZIEREN
Preiselbeeren

Schokoladenstreusel

frische Blumen

etwas flüssige Schokolade nach Belieben

ZUBEREITUNG

Aus den angegebenen Zutaten einen Biskuitteig zubereiten (siehe Seite 47). Die Masse auf ein mit Backpapier belegtes Backblech streichen und im vorgeheizten Backofen bei 200 °C Heißluft ca. 12 Minuten backen.

Ein Geschirrtuch mit etwas Zucker bestreuen und den Biskuit direkt aus dem Backofen darauf stürzen, vorsichtig das Backpapier abziehen und anschließend wieder auflegen. Zusammen mit dem Backpapier einrollen und etwas auskühlen lassen. Nach dem Auskühlen mit Preiselbeermarmelade bestreichen und wieder fest einrollen.

Die Schlagsahne aufschlagen. Topfen, Sauerrahm, Staubzucker und Preiselbeermarmelade vermischen. Danach die Schlagsahne unterheben. Die Gelatine in Wasser einlegen, gut ausdrücken, in etwas Rum oder alternativ Wasser auflösen (siehe Seite 18) und vorsichtig unter die Creme mischen.

Den Tortenring auf eine Platte stellen. Von der ausgekühlten Roulade ca. 2 cm dicke Scheiben abschneiden und den Tortenring sowie den Boden damit auskleiden. Die Creme darauf verteilen, glattstreichen und die Torte für einige Stunden kalt stellen.

Vor dem Servieren mit Preiselbeeren, Schokoladenstreuseln, frischen Blumen und flüssiger Schokolade verzieren.

EIN HERZ FÜR DICH

🥄 **70 MINUTEN (OHNE BACKZEIT)**

🕐 **40 MINUTEN**

🌡️ **170 °C HEISSLUFT**

ZUTATEN

für 1 Backrahmen in Herzform (ca. 28 cm)

TEIG

5 Eier

200 g Zucker

125 g Öl

250 g Weizenmehl 700/550 (D)

16 g Backpulver

125 g Wasser

CREME

4 Blatt Gelatine

500 g Schlagsahne

16 g Vanillezucker

100 g Staubzucker

300 g Frischkäse

Saft von 1 Zitrone

ZUM VERZIEREN

Himbeeren, Brombeeren, Physalis, frische Blüten, Minzblätter

ZUBEREITUNG

Aus den angegebenen Zutaten einen Rührteig (siehe Seite 41) zubereiten. Dafür Eier mit Zucker und Öl schaumig aufschlagen und danach nochmal gut mit den restlichen Zutaten verrühren. Den Backrahmen auf ein mit Backpapier belegtes Backblech stellen und die Masse einfüllen. Im vorgeheizten Backofen bei 170 °C Heißluft ca. 40 Minuten backen, danach gut auskühlen lassen.

Eine kleinere Herzschablone mittig auf den ausgekühlten Kuchen auflegen und ausschneiden. Dann die Torte einmal waagrecht auseinanderschneiden und vorsichtig die obere Hälfte herunterheben.

Für die Creme die Gelatine zubereiten (siehe Seite 18). Die Schlagsahne aufschlagen und die restlichen Zutaten unterrühren. Zum Schluss die aufgelöste Gelatine vorsichtig unterheben. Die Creme in einen Spritzbeutel füllen und diesen ca. 30 Minuten in den Kühlschrank geben.

Nach der Kühlzeit mit einer Tülle nach Wahl Creme-Tupfen auf den Kuchenboden spritzen. Den Deckel vorsichtig daraufsetzen und die Oberseite des Kuchens mit der restlichen Creme, frischen Beeren, Physalis, Blüten und Minzblättern verzieren.

TIPP

Das kleinere Herz kann entweder für Kuchenpralinen (siehe Seite 206) verwendet oder auch verziert und gemeinsam mit dem großen Kuchen serviert werden.

CAPPUCCINO-TORTE

🥄 50 MINUTEN (OHNE BACK- UND KÜHLZEIT)

🕐 60 MINUTEN

🌡️ 170 °C HEISSLUFT

ZUTATEN
für 1 Torte (Durchmesser 22 cm)

TEIG
160 g Kaffeekuvertüre

4 Eier

160 g zimmerwarme Butter

160 g Zucker

190 g Weizenmehl 700/550 (D)

16 g Backpulver

50 g geriebene Mandeln

200 g Milch

CREME
400 g Schlagsahne

2 Pkg. Sahnesteif

200 g Mascarpone

200 g Nougatcreme
(siehe Seite 15)

5 g löslicher Kaffee

29 g Milch

1 TL Rum

8 g Vanillezucker

ZUM DEKORIEREN
Milch-Haselnuss-Gebäck

gehackte Kaffeekuvertüre

ZUBEREITUNG

Aus den angegebenen Zutaten einen Rührteig (siehe Seite 41) zubereiten. Dafür die Kaffeekuvertüre über einem Wasserbad schmelzen, dann die Eier trennen und die Eiweiße zu einem steifen Schnee schlagen. Die zimmerwarme Butter mit Zucker und den Eigelben schaumig rühren. Zuerst die geschmolzene Kaffeekuvertüre und anschließend Mehl, Backpulver, geriebene Mandeln und Milch einrühren. Zum Schluss den Eischnee vorsichtig unterheben.

Den Teig in eine mit Backpapier ausgelegte Tortenform füllen und im vorgeheizten Backofen bei 170 °C Heißluft ca. 1 Stunde backen, danach gut auskühlen lassen.

Für die Creme die Schlagsahne mit Sahnesteif (laut Packungsanleitung) aufschlagen, danach Mascarpone und Nougatcreme unterheben. Den löslichen Kaffee in Milch und Rum vollständig auflösen. Die Flüssigkeit unter die Creme heben. Die Torte dreimal auseinanderschneiden und mit der Creme füllen. Danach einige Stunden kalt stellen.

Vor dem Servieren mit Milch-Haselnuss-Gebäck und gehackter Kaffeekuvertüre verzieren.

TIPP
Solltet ihr keine Kaffeekuvertüre zur Hand haben, könnt ihr stattdessen auch Vollmilchkuvertüre und 10 g lösliches Cappuccinopulver verwenden.

ROLLTORTE

🥄 35 MINUTEN (OHNE
   BACK- UND KÜHLZEIT)
🕐 12 MINUTEN
🌡 200 °C HEISSLUFT

ZUTATEN
für 1 Torte

TEIG
6 Eier

180 g Zucker

6 EL Mineralwasser (alternativ Leitungswasser)

180 g Weizenmehl 700/550 (D)

200 g Heidelbeermarmelade

CREME
250 g Schlagsahne

1 Pkg. Sahnesteif

300 g Mascarpone

250 g Topfen/Quark

50 g Zucker

ZUM VERZIEREN
frische Beeren, Minzblätter

ZUBEREITUNG

Aus den angegebenen Zutaten einen Biskuitteig zubereiten (siehe Seite 47). Die Masse auf ein mit Backpapier belegtes Backblech streichen und im vorgeheizten Backofen bei 200 °C Heißluft ca. 12 Minuten backen.

Für die Creme Schlagsahne mit Sahnesteif lt. Packungsanweisung aufschlagen. Topfen, Mascarpone und Zucker vermischen und unterheben. Zum Verzieren der Torte ca. 100 g der Creme zur Seite stellen.

Ein Geschirrtuch mit etwas Zucker bestreuen und die Roulade direkt aus dem Backofen daraufstürzen. Dann vorsichtig das Backpapier abziehen und kurz überkühlen lassen. Anschließend mit der Marmelade und Creme bestreichen.

Danach in ca. 6 cm breite Streifen schneiden. Den ersten Streifen aufrollen und aufrecht auf einen Teller platzieren. Anschließend die restlichen Streifen nacheinander und gleichmäßig um die Mitte drapieren. Damit das Ganze gut zusammenhält, kann man alles mit einem Tortenring stützen.

Danach für einige Stunden kalt stellen. Vor dem Servieren die restliche Creme in einen Spritzbeutel füllen, Tupfen aufspritzen und die Torte mit Beeren und Minzblättern nach Belieben verzieren.

HIMBEER-STREUSEL-TORTE

🥄 **30 MINUTEN (OHNE RAST-, KÜHL- UND BACKZEIT)**

🕐 **60 MINUTEN**

🌡 **170 °C HEISSLUFT**

ZUTATEN
für 1 Torte (Durchmesser 24 cm)

TEIG
400 g Weizenmehl 700/550 (D)

16 g Backpulver

200 g kalte Butter, in Stücke geschnitten

180 g Zucker

3 Eier

FÜLLE
4 Eier

500 g Topfen/Quark

60 g Zucker

120 g Sauerrahm/saure Sahne

1 Pkg. Vanillepuddingpulver

16 g Vanillezucker

300 g Himbeeren

30 g Himbeermarmelade

30 g Gelierzucker 2:1

ZUM VERZIEREN
Himbeeren, Minzblätter

ZUBEREITUNG

Aus den angegebenen Zutaten einen Mürbteig zubereiten (Anleitung siehe Seite 45). Den Teig ca. 1 Stunde zugedeckt im Kühlschrank rasten lassen.

Nach der Rastzeit die Hälfte des Teiges in den Tortenring drücken und an den Rändern etwas hochziehen. Die zweite Hälfte zu einer Kugel kneten und zugedeckt in das Tiefkühlfach geben.

Für die Fülle zwei Eier trennen und die Eiweiße zu einem steifen Schnee schlagen. Die Eigelbe gut mit den restlichen zwei Eiern, Topfen, Zucker, Sauerrahm, Vanillepuddingpulver und Vanillezucker vermischen. Am Schluss noch den Eischnee unterheben.

Die Himbeeren mit Himbeermarmelade und Gelierzucker pürieren.

Jeweils die halbe Himbeermasse und die halbe Topfenfülle auf den Mürbteigboden geben. Diesen Vorgang noch einmal wiederholen. Dann den Mürbteig aus dem Tiefkühler nehmen und mit einer groben Reibe gleichmäßige Streusel direkt auf die Torte reiben.

Die Torte im vorgeheizten Backofen bei 170 °C Heißluft ca. 1 Stunde backen.

Die fertige Torte danach einige Stunden oder am besten über Nacht direkt in der Form gut auskühlen lassen.

Vor dem Servieren mit frischen Himbeeren und Minzblättern verzieren.

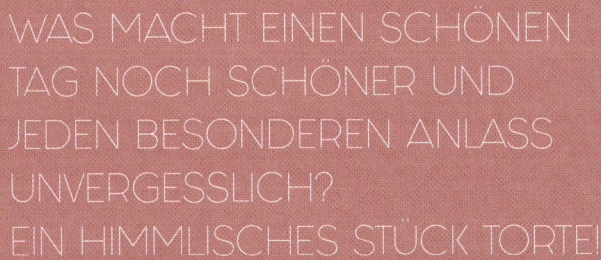

WAS MACHT EINEN SCHÖNEN
TAG NOCH SCHÖNER UND
JEDEN BESONDEREN ANLASS
UNVERGESSLICH?
EIN HIMMLISCHES STÜCK TORTE!

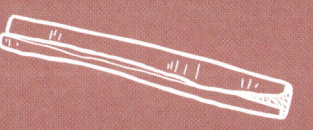

SCHOKO-BEEREN-TORTE

🥄 30 MINUTEN
(OHNE BACKZEIT)

🕐 55 MINUTEN

🌡️ 180 °C HEISSLUFT

ZUTATEN
für 1 Torte (Durchmesser 24 cm)

TEIG
200 g Schokolade

5 Eier

200 g zimmerwarme Butter

200 g Zucker

300 g Weizenmehl 700/550 (D)

16 g Backpulver

250 g Milch

CREME
250 g Schlagsahne

250 g Frischkäse

100 g Mascarpone

60 g Zucker

Saft von 1 Zitrone

200 g frische Beeren (alternativ
Tiefkühlbeeren)

ZUM VERZIEREN
frische, gemischte Beeren nach
Belieben

ZUBEREITUNG

Aus den angegebenen Zutaten einen Rührteig (siehe Seite 41) zubereiten. Dafür die Schokolade über einem Wasserbad schmelzen, die Eier trennen und die Eiweiße zu einem steifen Schnee schlagen. Die zimmerwarme Butter mit Zucker und den Eigelben schaumig rühren, dann die geschmolzene Schokolade hinzugeben und alles gut vermischen. Mehl, Backpulver und Milch dazugeben und den Teig nochmals durchrühren. Zum Schluss den Eischnee vorsichtig unterheben.

Den Boden einer Tortenform mit Backpapier auslegen, die Ränder der Form einfetten und den Teig einfüllen. Im vorgeheizten Backofen bei 180 °C Heißluft ca. 55 Minuten backen, danach gut auskühlen lassen.

Für die Fülle die Schlagsahne aufschlagen, dann den Frischkäse mit Mascarpone, Zucker und Zitronensaft vermischen. Nun die Schlagsahne vorsichtig unterheben.

Die Torte nach dem Auskühlen einmal waagrecht durchschneiden und die Hälfte der Creme auf dem Boden verteilen und mit Beeren belegen. Den Tortendeckel daraufsetzen und mit der restlichen Creme bestreichen. Vor dem Servieren mit frischen Beeren nach Belieben dekorieren.

TIPP
Wenn du tiefgekühlte Beeren verwendest, sollten diese zuerst aufgetaut werden, damit der Saft abtropfen kann und die Torte nicht aufgeweicht wird.

SWIRL-CHEESECAKE

🥄 45 MINUTEN (OHNE RAST- UND BACKZEIT)

🕐 50 MINUTEN

🌡️ 200/160 °C HEISSLUFT

ZUTATEN

für 1 Tarte- oder Tortenform
(Durchmesser 24 cm)

TEIG

200 g Weizenmehl 700/550 (D)

16 g Backpulver

120 g kalte Butter, in Stücke geschnitten

70 g Zucker

1 Ei

FÜLLE

4 Eier

500 g Topfen/Quark

250 g Sauerrahm/saure Sahne

Saft von ½ Zitrone

120 g Zucker

8 g Vanillezucker

50 g Weizenmehl 700/550 (D)

25 g Backkakaopulver

ZUBEREITUNG

Aus den angegebenen Zutaten einen Mürbteig zubereiten (Anleitung siehe Seite 45). Den Teig ca. 1 Stunde zugedeckt im Kühlschrank rasten lassen.

Für die Fülle die Eier trennen und die Eiweiße zu einem steifen Schnee schlagen. Die Eigelbe gemeinsam mit Topfen, Sauerrahm, Zitronensaft, Zucker und Vanillezucker verrühren, nun das Mehl hinzugeben. Den Eischnee unter die Topfenmasse heben. Die Hälfte der Fülle in eine zweite Rührschüssel geben und das Backkakaopulver einrühren.

Nach der Rastzeit den Mürbteig auf einer bemehlten Arbeitsfläche ausrollen, in die eingefettete Tarte- oder Tortenform legen und etwas am Rand hochziehen. Für den Swirl-Effekt immer abwechselnd einen Esslöffel helle und dunkle Fülle in die Mitte der Form geben.

Den Kuchen im vorgeheizten Backofen bei 200 °C Heißluft ca. 10 Minuten backen. Danach die Temperatur auf 160 °C Heißluft reduzieren und ca. 40 Minuten fertig backen.

TIPP

Die Torte hält sich im Kühschrank einige Tage sehr gut.

BISKOTTEN-TORTE

🥄 50 MINUTEN (OHNE KÜHLZEIT)

ZUTATEN
für 1 Torte (Durchmesser 24 cm)

FÜLLE
8 Blatt Gelatine

etwas Rum

500 g Schlagsahne

300 g Mascarpone

250 g Naturjoghurt

20 g Vanillezucker

50 g Zucker

300 g Erdbeeren

200 g Milch

10 g Rum

80 Biskotten

ZUM VERZIEREN
200 g Erdbeeren

frische Blüten

ZUBEREITUNG

Die Gelatine in Wasser einlegen, gut ausdrücken, in etwas Rum oder alternativ Wasser auflösen (siehe Seite 18) und zur Seite stellen.

Für die Creme Schlagsahne aufschlagen und anschließend mit Mascarpone, Naturjoghurt, Vanillezucker und Zucker verrühren. Die vorbereitete Gelatine in die Creme einrühren. Die Erdbeeren waschen, klein schneiden und ebenfalls unter die Creme heben.

Für das Zusammensetzen der Torte zunächst Milch und Rum vermischen, dann die Biskotten kurz in die Mischung tauchen und den Boden einer runden Tortenform damit auskleiden. Anschließend ca. ein Drittel der Creme drauf verteilen, die Cremeschicht mit Biskotten bedecken und den Vorgang wiederholen, bis mit der Creme abgeschlossen werden kann. Die Torte über Nacht kalt stellen.

Am nächsten Tag die Torte aus der Form lösen und mit den restlichen Biskotten umstellen. Achtung: Die Biskotten müssen dazu etwas zugeschnitten werden. Die Erdbeeren waschen, vierteln und die Torte mit den Erdbeerstücken und frischen Blüten verzieren.

NOUGAT-TORTE

🥄 **45 MINUTEN (OHNE KÜHLZEIT)**

ZUTATEN
für 1 Tarteform (Durchmesser 24 cm)

BODEN
200 g dunkle Butterkekse

140 g flüssige Butter

FÜLLE
300 g Frischkäse

50 g Staubzucker

50 g Backkakaopulver

300 g Nougatcreme

5 Blatt Gelatine

300 g Schlagsahne

TOPPING
80 g dunkle Kuvertüre

30 g Schlagsahne

ZUM VERZIEREN
Nuss-Nougat-Pralinen

Granatapfelkerne

ZUBEREITUNG

Für den Boden die Butterkekse fein zerbröseln. Die Butter in einem Topf schmelzen, zusammen mit den Keksbröseln in eine Schüssel geben und alles verrühren. Die Masse in der Tarteform verteilen und gut andrücken.

Für die Fülle den Frischkäse, Staubzucker, Backkakaopulver und Nougatcreme gut miteinander verrühren. Die Gelatine zubereiten (siehe Seite 18), dann die Schlagsahne steif schlagen und zur Seite stellen. Die Gelatine zügig in die Frischkäse-Fülle einrühren und anschließend die geschlagene Schlagsahne vorsichtig unterheben.

Die Fülle auf dem Keksboden verteilen und für mehrere Stunden kalt stellen.

Für das Topping die Kuvertüre mit der Schlagsahne erwärmen und abkühlen lassen. Danach auf der Torte verteilen und diese nach Belieben mit halbierten Nuss-Nougat-Pralinen und Granatapfelkernen verzieren. Anschließend die Torte noch einmal kalt stellen.

TIPP

Nimm die Torte ca. 15 Minuten vor dem Servieren aus dem Kühlschrank. So lässt sie sich am besten schneiden.

PFIRSICHTORTE

 60 MINUTEN (OHNE RAST-, BACK- UND KÜHLZEIT)

🕐 60 MINUTEN

🌡 170 °C HEISSLUFT

ZUTATEN

für 1 Tortenring (Durchmesser 24 cm)

TEIG

400 g Weizenmehl 700/550 (D)

16 g Backpulver

200 g kalte Butter, in Stücke geschnitten

180 g Zucker

3 Eier

CREME

4 Eier

500 g Topfen/Quark

80 g Zucker

120 g Sauerrahm/saure Sahne

1 Pkg. Vanillepuddingpulver

500 g Pfirsiche aus der Dose, fein geschnitten

ZUBEREITUNG

Aus den angegebenen Zutaten einen Mürbteig zubereiten (Anleitung siehe Seite 45). Den Teig ca. 1 Stunde zugedeckt im Kühlschrank rasten lassen.

Nach der Rastzeit den Teig mithilfe von etwas Mehl direkt auf dem Backblech auf die Größe des Tortenrings rund ausrollen und den Rahmen rundherumstellen. Alternativ den Teig gleich etwas größer ausrollen, dann kann man ihn noch besser am Tortenring hochziehen. Oder den Teig einfach mit den Händen in den Tortenring drücken und an den Rändern hochziehen.

Für die Creme zwei Eier trennen und die Eiweiße zu einem steifen Schnee schlagen. Die Eigelbe und die zwei restlichen Eier gut mit Topfen, Zucker, Sauerrahm, Vanillepuddingpulver und den fein geschnittenen Pfirsichen verrühren. Zum Schluss den Eischnee vorsichtig unterheben.

Die Creme auf dem Mürbteig verteilen und die Torte im vorgeheizten Backofen bei 170 °C Heißluft ca. 1 Stunde backen, danach auskühlen lassen und am besten über Nacht kalt stellen. Die Torte erst danach aus dem Backrahmen lösen.

DESSERTS, ODER: EIN SÜSSER ABSCHLUSS

Eigentlich sind die Bäuche voll und alle satt und zufrieden – wäre da nicht diese eine kleine Frage: „Schon bereit für ein Dessert?" In diesem Kapitel findest du viele unkomplizierte Nachspeisen, die sich ruckzuck vorbereiten lassen – und praktischerweise eine Gelegenheit sind, auch aus den letzten übrigen Kuchen- oder Keksbröseln noch ein kleines, feines Dessert herauszuholen: Wer würde schon zu einer Kuchenpraline Nein sagen? Ob Praline, zitroniges Tiramisu oder luftiges Soufflé, die wunschlos glücklichen Gäste sind dir jedenfalls sicher. Natürlich ist jedes dieser Rezepte genauso gut für eine kleine Nachmittagseinlage geeignet.

KLASSISCHE WAFFELN

🥄 **40 MINUTEN
(OHNE RASTZEIT)**

ZUTATEN
für 16 Waffeln

TEIG

4 Eier

120 g Staubzucker

8 g Vanillezucker

120 g Öl

280 g Dinkelmehl 700/630 (D)
oder 900

10 g Backpulver

200 g Milch

5 g Backkakaopulver nach
Belieben

ZUM EINFETTEN

etwas Butter (alternativ Backtrennspray)

Waffeleisen

ZUM VERZIEREN

50 g Schokolade

Schlagsahne

frische Beeren nach Belieben

ZUBEREITUNG

Für diesen Rührteig (siehe Seite 41) einfach alle Zutaten zu einem glatten Teig vermischen und danach ca. 10 Minuten rasten lassen.

Das Waffeleisen vorheizen und mit etwas geschmolzener Butter einfetten. Alternativ kann Backtrennspray verwendet werden. Etwas Teig auf das Waffeleisen gießen (wie viel Teig man genau verwenden soll, hängt von der Größe bzw. Form des Waffeleisens ab) und ca. 3 Minuten goldbraun backen. Wenn sich die Waffeln gut vom Waffeleisen lösen lassen, sind sie fertig. Vorgang wiederholen, bis der Teig aufgebraucht ist.

Zum Verzieren die Schokolade über einem Wasserbad schmelzen. Für das Aufspritzen dünner Schokostreifen am besten einen Frischhaltebeutel oder einen Einwegspritz-beutel verwenden und davon ein winziges Eck als Spritzöff-nung unten wegschneiden. Die Schlagsahne aufschlagen und mit frischen Beeren nach Belieben zu den Waffeln servieren.

TIPP

Waffeln lassen sich gut einfrieren. Wenn sich un-erwarteter Besuch ankündigt, sind sie nach ein paar Minuten im Backofen bereits aufgetaut und schme-cken wie frisch zubereitet.

SCHOKOMOUSSE

🥄 **25 MINUTEN (OHNE KÜHLZEIT)**

ZUTATEN

für 6 Dessertschalen oder Gläser à 200 ml

MOUSSE

3 Eier

250 g Schlagsahne

220 g Zartbitterschokolade

15 g heißes Wasser

30 g Zucker

ZUM VERZIEREN

gehackte Schokolade

ZUBEREITUNG

Die Eier trennen und die Eiweiße zu einem steifen Schnee schlagen. Die Schlagsahne aufschlagen und kalt stellen.

Die Schokolade über einem Wasserbad schmelzen und etwas auskühlen lassen. Die Eigelbe mit heißem Wasser schaumig rühren. Den Zucker einrieseln lassen und die Mischung weiter zu einer cremigen Masse schlagen. Die geschmolzene Schokolade unter die Eimasse rühren. Anschließend den Eischnee und die geschlagene Schlagsahne vorsichtig unterheben.

Die Schokomousse auf die Gläser verteilen und über Nacht oder mindestens 3 Stunden in den Kühlschrank stellen. Vor dem Servieren mit gehackter Schokolade verzieren.

CRUMBLE

20 MINUTEN
(OHNE BACKZEIT)

20 MINUTEN

170 °C HEISSLUFT

ZUTATEN
für 5 ofenfeste Gläser à 230 ml

2 große, säuerliche Äpfel

20 g Butter

1 EL Honig

1 TL Zimt

STREUSEL

100 g gehackte Walnüsse

60 g Weizenmehl 700/550 (D)

60 g kalte Butter

60 g Zucker

ZUM GARNIEREN

etwas Schlagsahne

ZUBEREITUNG

Die Äpfel schälen, entkernen und in kleine Würfel schneiden. Die Butter in einem Topf schmelzen und Honig sowie Zimt einrühren. Die Apfelstücke dazugeben und ca. 5 Minuten dünsten. Dazwischen immer wieder umrühren.

Für die Streusel alle Zutaten in eine Schüssel geben und mit einem Mixer miteinander vermischen, bis eine bröselige Masse entsteht.

Die gedünstete Apfelmasse in den Schälchen verteilen und die Streusel darauf verteilen. Im vorgeheizten Backofen bei 170 °C Heißluft ca. 20 Minuten backen. Vor dem Servieren die Schlagsahne aufschlagen und als Topping auf den Crumble geben.

ZITRONENTIRAMISU IM GLAS

🥄 **40 MINUTEN (OHNE KÜHLZEIT)**

ZUTATEN
für 10 Gläser à 200 ml

LEMON CURD
3 Zitronen	
90 g Butter	
270 g Zucker	
3 Eier	

CREME
250 g Schlagsahne	
500 g Mascarpone	
100 g Staubzucker	
1 Pkg. Biskotten	
Saft von 1 Zitrone	
100 g Wasser	
10 g Zucker	
150 g Lemon Curd	

ZUM VERZIEREN
Zitronenscheiben	
Minzblätter	
Biskotten	

ZUBEREITUNG

Für das Lemon Curd vorsichtig die Schale der Zitronen abreiben, danach die Zitronen halbieren und ca. 300 ml Saft auspressen. Die Butter bei mittlerer Hitze in einem Topf schmelzen und mit Zitronensaft, der geriebenen Schale und Zucker vermengen.

In einer Rührschüssel die Eier aufschlagen und anschließend in den Topf zu der Butter-Zitronen-Masse geben. Alles gut bei mittlerer Hitze vermischen, bis die Masse eine cremige, leicht dickliche Konsistenz hat. Nun für das Zitronentiramisu 150 g beiseitestellen und das restliche Lemon Curd in ausgekochte Einmachgläser abfüllen.

Für die Creme die Schlagsahne aufschlagen, dann Mascarpone und Staubzucker einrühren.

Die Biskotten auf die Größe der Dessertgläser zuschneiden. Zitronensaft, Wasser und Zucker mischen und die Biskotten kurz darin wenden. Die Böden der Gläser jeweils mit den getränkten Biskotten bedecken, ca. ein Drittel der Creme darauf verstreichen, mit Lemon Curd abschließen und den Vorgang wiederholen. Mit der Creme abschließen und die Gläser für mindestens 4 Stunden kalt stellen.

Vor dem Servieren mit Zitronenscheiben, Minzblättern und Biskotten verzieren.

TIPP

Lemon Curd hält sich nach dem Abfüllen im Kühlschrank ca. 1 Woche. Achtung: Wenn die Gläser bei Zimmertemperatur gelagert werden, verringert sich die Haltbarkeit auf 1-2 Tage.

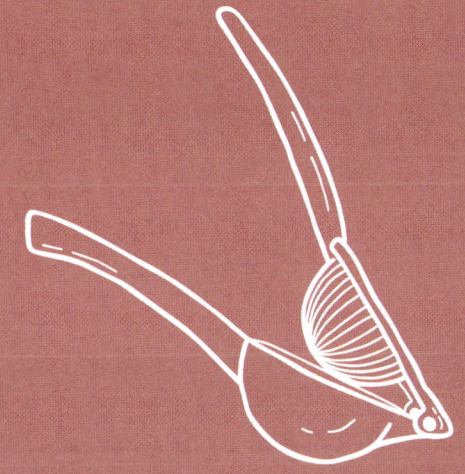

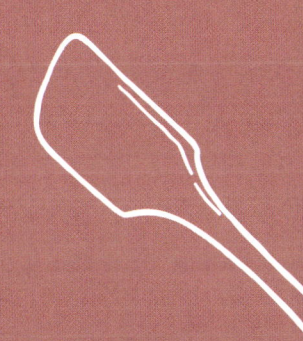

DAS SCHWIERIGSTE AM BACKEN?
EINDEUTIG: DAS NÄCHSTE REZEPT
AUSZUWÄHLEN.
ABER PSSST ... ES GIBT NUR
RICHTIGE ENTSCHEIDUNGEN!

EISPALATSCHINKEN

 30 MINUTEN

ZUTATEN
für 10 Stück

TEIG
450 g Milch

4 Eier

260 g Weizenmehl 700/550 (D)

1 Prise Salz

ZUM BACKEN
2 EL Butterschmalz oder Öl

ZUM VERZIEREN
50 g Schokolade

Vanilleeis

Mandelsplitter

ZUBEREITUNG

Die Milch, Eier, Mehl und Salz gut miteinander vermischen und den Teig 10 Minuten quellen lassen. Danach in einer Pfanne das Butterschmalz oder Öl erhitzen. Mit einem Schöpflöffel so viel Teig in die Mitte eingießen und durch Schwenken der Pfanne gleichmäßig verteilen, dass der Pfannenboden dünn bedeckt ist. Die Palatschinken nun auf einer Seite goldbraun werden lassen und wenden, die zweite Seite ebenso goldbraun ausbacken. Den gesamten Teig verarbeiten.

Die Schokolade über einem Wasserbad schmelzen. Die noch warmen Palatschinken auf ca. ein Viertel der Größe zusammenklappen, auf den Tellern verteilen und jeweils mit Vanilleeis, Mandelsplittern und geschmolzener Schokolade verzieren.

TIPP

Für eine besonders frische Note kannst du vor dem Servieren noch frische Minze auf die Palatschinken legen.

SCHOKOKUCHEN MIT FLÜSSIGEM KERN

 30 MINUTEN (OHNE BACKZEIT)

🕐 14 MINUTEN

🌡 170 °C HEISSLUFT

ZUTATEN

für 5 Dessertringe (Durchmesser 8 cm; alternativ: Kaffeetassen oder Muffinförmchen aus Silikon)

TEIG

120 g Butter

200 g Schokolade

4 Eier

80 g Zucker

10 g Vanillezucker

80 g Weizenmehl 700/550 (D)

ZUM EINFETTEN

etwas Butter (alternativ Backtrennspray)

ZUBEREITUNG

Die Butter schmelzen, Schokolade dazugeben und unter Rühren ebenfalls schmelzen lassen.

Die Eier mit Zucker und Vanillezucker schaumig rühren. Die Butter-Schokolade-Mischung dazugeben und nochmals gut verrühren, dann das Mehl unterheben.

Die Masse in eingefettete Dessertringe oder alternativ Kaffeetassen oder Silikon-Muffinförmchen füllen und im vorgeheizten Backofen bei 170 °C Heißluft ca. 14 Minuten backen. Danach sofort aus der Form stürzen und servieren.

GRIESSFLAMMERI

🥄 30 MINUTEN (OHNE KÜHLZEIT)

ZUTATEN

für 12 Portionen
Muffin- oder Gugelhupfförmchen
aus Silikon

FLAMMERI

500 g Milch	
50 g Zucker	
16 g Vanillezucker	
80 g Grieß	
4 Blatt Gelatine	
250 g Schlagsahne	
Schale von ½ Zitrone	

FRUCHTSPIEGEL

300 g Pfirsichpüree (siehe Seite 26)	
50 g Gelierzucker	

ZUM VERZIEREN

Schlagsahne	
Physalis	
Minzblätter	

ZUBEREITUNG

Die Milch aufkochen, Zucker, Vanillezucker und Grieß einrühren und köcheln lassen, bis eine dickflüssige Masse entsteht. Die Gelatine in kaltem Wasser einweichen, danach gut ausdrücken und in die heiße Grieß-Masse geben. Alles gut verrühren und die Masse auskühlen lassen. Dabei ab und zu umrühren, damit sich keine Haut bildet.

Die Schlagsahne schlagen und geriebene Zitronenschale unterheben. Die Sahne unter die Grieß-Masse heben und diese auf die Förmchen aufteilen. Einige Stunden kalt stellen.

Für den Fruchtspiegel das Pfirsichpüree mit Gelierzucker (laut Packungsanweisung) eindicken.

Die Grieß-Masse jeweils auf einen Dessertteller stürzen und den Fruchtspiegel darüber verteilen.

Vor dem Servieren etwas Schlagsahne aufschlagen, in einen Spritzbeutel füllen und nach Belieben mit Tupfen, Physalis und Minzblättern verzieren.

TIPP

Tauche die Förmchen vor dem Stürzen in heißes Wasser, damit sich der Grießflammeri leichter aus der Form löst.

TOPFENSOUFFLÉ

 20 MINUTEN (OHNE
BACKZEIT)

🕐 20 MINUTEN

🌡 170 °C HEISSLUFT

ZUTATEN
für 8 ofenfeste Gläser à 200 ml

FÜR DIE FORM
zimmerwarme Butter

Staubzucker

TEIG
4 Eier

30 g Zucker

250 g Topfen/Quark

40 g Weizenmehl 700/550 (D)

16 g Vanillezucker

Orangen- oder Zitronenaroma
nach Belieben

FRUCHTSAUCE
250 g Erdbeeren

80 g Kristallzucker

Saft von ½ Zitrone

ZUM BESTREUEN
Staubzucker

ZUBEREITUNG

Die Gläser mit Butter ausstreichen und mit Staubzucker bestreuen. Ein tiefes Backblech oder eine Auflaufform ca. 2 cm
hoch mit Wasser füllen und bereits im Backofen bei 170 °C
Heißluft vorheizen.

Die Eier trennen und Eigelbe mit Zucker schaumig rühren.
Danach Topfen und Mehl unterheben. Die Eiweiße mit Vanillezucker zu einem steifen Schnee schlagen und vorsichtig
unter die Topfenmasse heben. Nach Belieben mit etwas Oran-
gen- oder Zitronenaroma verfeinern.

Für die Fruchtsauce die Erdbeeren mit Kristallzucker und
Zitronensaft pürieren. Die Fruchtsauce am besten zubereiten,
während das Soufflé im Backofen ist.

Die Topfenmasse auf die vorbereiteten Gläser aufteilen,
sodass jedes Glas bis zur Hälfte gefüllt ist. Die Gläser in das
(heiße) Wasserbad stellen und im vorgeheizten Backofen bei
170 °C Heißluft ca. 20 Minuten backen, mit Staubzucker bestreuen und danach sofort gemeinsam mit der Fruchtsauce
servieren.

SCHOKO-TIRAMISU

🥄 30 MINUTEN (OHNE
KÜHLZEIT)

ZUTATEN
für 1 Auflaufform (25 x 17 cm)

CREME
70 g Zartbitterkuvertüre

300 g Mascarpone

30 g Zucker

200 g Schlagsahne

150 g Milch

1 EL Backkakaopulver

1 Pkg. Biskotten

ZUBEREITUNG

Die Zartbitterkuvertüre über einem Wasserbad schmelzen und anschließend mit Mascarpone und Zucker verrühren. Die Schlagsahne steif schlagen und unter die Creme rühren.

Die Milch erwärmen und Backkakaopulver einrühren, dann etwas auskühlen lassen.

Die Biskotten kurz in den etwas abgekühlten Kakao eintunken und den Boden der Form damit auslegen. Mit einer Schicht Creme bedecken und den Vorgang wiederholen. Mit Creme abschließen und für mindestens 4 Stunden kalt stellen.

BEERENDESSERT

🥄 20 MINUTEN (OHNE
  BACKZEIT)
🕐 20 MINUTEN
🌡= 180 °C HEISSLUFT

ZUTATEN
für 1 runde Auflaufform
(Durchmesser 24 cm)

STREUSEL
100 g kalte Butter

100 g Zucker

150 g Weizenmehl 700/550 (D)

50 g grob gemahlene Mandeln

Saft von 1 Zitrone

700 g frische Beeren nach Belieben

15 g Vanillezucker

ZUBEREITUNG
Für die Streusel die kalte Butter würfelig schneiden und mit Zucker, Mehl, gemahlenen Mandeln und Zitronensaft zu Streuseln verkneten

Die frischen Beeren mit dem Vanillezucker vermischen und in die Auflaufform schlichten. Mit den Streuseln bedecken und im vorgeheizten Backofen bei 180 °C Heißluft ca. 20 Minuten backen, bis die Streusel goldgelb sind.

TIPPS
Die Streusel-Zutaten sollten möglichst schnell verknetet werden, damit die Butter nicht zu weich wird.

Das Beerendesssert schmeckt mit einer Kugel Vanilleeis noch besser.

KAROTTENKUCHEN IM GLAS

🥄 20–25 MINUTEN (OHNE BACKZEIT)

🕐 30 MINUTEN

🌡 160 °C HEISSLUFT

ZUTATEN
für 4 ofenfeste Gläser à 230 g

TEIG

100 g Karotten	
1 Ei	
80 g Zucker	
80 g Öl	
8 g Backpulver	
140 g Weizenmehl 700/550 (D)	
30 g geriebene Nüsse	
60 g Naturjoghurt	
etwas Zimt	

ZUM EINFETTEN
etwas Butter (alternativ Back-trennspray), Semmelbrösel

ZUM BESTREUEN
Staubzucker

ZUBEREITUNG

Aus den angegebenen Zutaten einen Rührteig (siehe Seite 41) zubereiten. Dafür die Hälfte der Karotten ungeschält grob und die andere Hälfte fein reiben. Das Ei mit Zucker schaumig rühren, Öl einfließen lassen und nochmals gut verrühren. Die geriebenen Karotten dazugeben, abschließend noch Backpulver, Mehl, Nüsse, Naturjoghurt und Zimt unterrühren.

Die Masse gleichmäßig in die eingefetteten und bebröselten Gläser füllen und im vorgeheizten Backofen bei 160 °C Heißluft ca. 30 Minuten backen, danach gut auskühlen lassen.

Vor dem Servieren mit Staubzucker bestreuen.

ZWETSCHGEN-MANDEL-STRUDEL

🥄 30 MINUTEN (OHNE RAST- UND BACKZEIT)
🕐 30 MINUTEN
🌡 175 °C HEISSLUFT

ZUTATEN
für 2 Strudel

TEIG
250 g Weizenmehl 700/550 (D)

1 EL Öl

5 g Salz

125 g Wasser

ZUM ÜBERGIESSEN
etwas Öl

FÜLLE
1,5 kg Zwetschgen

50 g Zucker

2 g Zimt

etwas Rum nach Belieben

60 g Butter

70 g Semmelbrösel

50 g geriebene Mandeln

ZUM AUSZIEHEN
etwas Mehl

ZUM BESTREICHEN
etwas flüssige Butter

Vanilleeis

ZUBEREITUNG

Für den Strudelteig alle Teigzutaten in eine Rührschüssel geben und mit der Küchenmaschine oder einem Mixer mit Knethaken gut durchkneten. Den Teig in der Schüssel zu zwei Kugeln formen, mit einem guten Schuss Öl übergießen, die Schüssel mit einem Geschirrtuch abdecken und ca. 30 Minuten bei Zimmertemperatur rasten lassen.

Für die Fülle die Zwetschgen entkernen und vierteln, dann mit Zucker, Zimt und Rum nach Belieben vermischen. Die Butter in einer Pfanne schmelzen, Semmelbrösel und geriebene Mandeln dazugeben und anrösten.

Nach der Rastzeit den Teig auf einem bemehlten Geschirrtuch oder alternativ einem Strudeltuch ausrollen und vorsichtig ganz dünn ca. auf die Größe des Tuchs ausziehen. Die Hälfte der Semmelbröselmischung auf zwei Dritteln des ausgezogenen Teigs verteilen. Danach die halbe Zwetschgenmenge darauf geben und die seitlichen Teigränder einklappen. Mit Hilfe des Geschirr- oder Strudeltuchs einrollen. Den Vorgang für den zweiten Strudel wiederholen. Zum Schluss die Strudel mit etwas flüssiger Butter einpinseln und im vorgeheizten Backofen bei 175 °C Heißluft ca. 30 Minuten backen.

Kurz auskühlen lassen und mit Vanilleeis servieren.

KUCHENPRALINEN

1 STUNDE
(OHNE KÜHLZEIT)

ZUTATEN
für ca. 20 Stück (je nach Größe)

TEIG
300 g Kuchenreste

200 g Mascarpone

GLASUR
100 g dunkle Schokolade

100 g weiße Schokolade

40 g Kokosfett

ZUM VERZIEREN
Zuckerstreusel

ZUBEREITUNG

Die Kuchenreste fein zerbröseln und mit Mascarpone verrühren. Aus der Masse walnussgroße Kugeln formen. Die Kugeln für 20–30 Minuten in den Kühlschrank legen und danach noch weitere 15 Minuten in den Tiefkühler.

Für die Glasur die dunkle bzw. weiße Schokolade jeweils gemeinsam mit 20 g Kokosfett in eine hitzebeständige Schüssel legen. Die Schüsseln bei 70 °C Heißluft in den vorgeheizten Backofen stellen und warten, bis die Schokolade geschmolzen ist. Beide Glasuren glattrühren und die ausgekühlten Pralinen eintauchen.

Nach Belieben mit Zuckerstreuseln oder den Resten der Glasur verzieren.

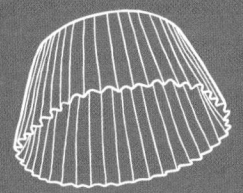

EIN LEBEN OHNE SÜSSES
IST MÖGLICH, ABER SINNLOS.

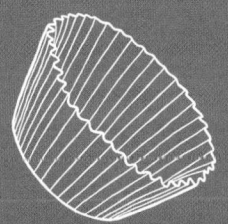

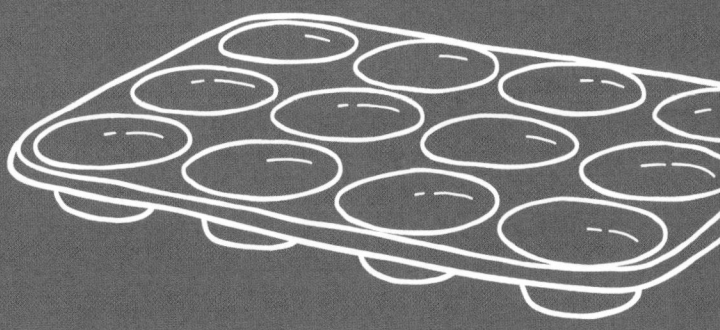

ÜBER CHRISTINA BAUER

· · ·

Christina Bauer ist Bäuerin, Autorin, Bloggerin, Mama, Unternehmerin, sie gibt Online-Back-kurse und versetzt ihre Leserinnen und Fans auf allen Plattformen in Begeisterungsstürme. Ihre unzähligen Follower wissen: Christinas Rezepte funktionieren – einfach, unkompliziert und für alle umsetzbar.

Mit ihrem neuen Buch möchte Christina ihren Leserinnen und Lesern nicht nur ein Back-buch liefern, das alle Bereiche der süßen Küche abdeckt, und damit alles in einer Backstube vereinen: Gebäck, Kuchen, Torten, Desserts – sondern auch ihre ganz persönliche, große Lei-denschaft für die zarte Seite des Lebens teilen.

Gemeinsam mit ihrem Mann und ihren zwei Kindern Thomas und Magdalena lebt sie auf dem Bramlhof im salzburgerischen Lungau. 2021 hat sie in Tamsweg die Backen mit Christina-Backwelt eröffnet, wo Besucherin-nen und Besucher Christina live beim Backen erleben, im Backshop nach Büchern, Back-mischungen und -zubehör sowie vielen anderen Goodies stöbern und zum Abschluss einen Abstecher ins hauseigene Café machen können.

Außerdem versorgt Christina zusammen mit ihrer Familie die Kühe und Schafe auf dem Hof, kümmert sich um die Gäste, die ihren Urlaub bei ihr verbringen, und manchmal kommt auch der eine oder andere Besuch. Dem serviert sie am allerliebsten süße Köstlichkeiten – und genau hier lag die Inspiration für Christinas achtes Buch. Darin versammelt sie ihre Ideen und die besten Rezepte, um für jeden Moment den passenden Kuchen oder das feinste Gebäck in der Hinterhand zu haben – so gelingsicher und traumhaft gut, wie wir es von allen bisheri-gen Christina Bauer-Büchern kennen.

www.backenmitchristina.at

RUCKZUCK LOSBACKEN: ALPHABETISCHES REZEPTREGISTER

• • •

SÜSSES FÜR DEN NACHMITTAGSKAFFEE, DEN SPONTANEN BESUCH ODER GROSSE FESTE ... THEMENREGISTER

• •

KLEINES BACK-ABC: GLOSSAR

• • •

Backrahmen

Oft größenverstellbarer Rahmen aus Edelstahl in verschiedenen Formen (rechteckig, rund, herzförmig), der als Alternative zur Backform um den Teig gestellt wird.

Heißluft

Backofeneinstellung, bei der die Hitze durch einen Ventilator besonders gleichmäßig im Ofenraum verteilt wird.

Tourieren

Vorgang bei der Herstellung von Blätterteig, bei dem der Teig mehrmals nacheinander gefaltet und erneut ausgerollt wird, sodass im fertigen Teig die charakteristischen Schichten entstehen.

Triebmittel

Sorgt für ein vergrößertes Teigvolumen, indem die Luftblasen, die zuvor durch Rühren in den Teig gelangt sind, erweitert werden. Üblicherweise werden Backpulver oder Natron verwendet.

Tülle

Aufsatz für Spritzbeutel, mit dem Gebäck nach Belieben verziert werden kann. In verschiedenen Größen und Ausführungen (z. B. sternförmig) verfügbar.

Vorheizen

Bewirkt, dass der Ofenraum zu Beginn der Backzeit die optimale Temperatur laut Rezept hat und so die angegebene Backzeit genau eingehalten werden kann.

Wasserbad

Empfohlene Methode für die Herstellung von Schokoladenglasur, Kuvertüre etc.: Die Schokolade wird in eine hitzebeständige Schüssel gegeben, die so in einem mit etwas Wasser gefüllten Topf hängt, dass deren Boden die Wasseroberfläche berührt. Bei niedriger Hitze wird die Schokolade durch das erwärmte Wasser besonders schonend und langsam geschmolzen.

1. Auflage
© 2024 by Löwenzahn in der Studienverlag Ges.m.b.H.,
Erlerstraße 10,
A-6020 Innsbruck
E-Mail: loewenzahn@studienverlag.at
Internet: www.loewenzahn.at

Inhaltliche Betreuung: Löwenzahn Verlag/
Christina Kindl-Eisank, Katharina Schaller
Konzept: Löwenzahn Verlag/Josefa Niedermaier
Lektorat: Löwenzahn Verlag/Josefa Niedermaier
Projektleitung: Löwenzahn Verlag/Julia Scherzer

Umschlag- und Buchgestaltung, Illustrationen
sowie grafische Umsetzung:
Tina Spindlegger –
Atelier für Design & Kommunikation

Fotografien: alle Nadja Hudovernik
www.nadja-hudovernik.com,
außer: Backen mit Christina GmbH:
Seite 23, 25, 42, 52, 81 (unten)

Bibliografische Information Der Deutschen
Nationalbibliothek

Die Deutsche Nationalbibliothek verzeichnet diese
Publikation in der Deutschen Nationalbibliografie;
detaillierte bibliografische Daten sind im Internet
über <http://dnb.dnb.de> abrufbar.

ISBN 978-3-7066-2998-0